6

2/22

AUDITIONS

J'AI RENCONTRÉ LES PLUS GRANDS

CLAUDE GINGRAS

AUDITIONS
J'AI RENCONTRÉ LES PLUS GRANDS

LES ÉDITIONS **LA PRESSE**

Catalogage avant publication de Bibliothèque et Archives nationales du Québec et Bibliothèque et Archives Canada

Gingras, Claude 1931-
    Auditions: j'ai rencontré les plus grands

    ISBN 978-2-89705-526-4

1. Gingras, Claude, 1931-   - Anecdotes. 2. Artistes - Anecdotes.
3. Critiques musicaux - Québec (Province) - Anecdotes. I. Titre.

ML423.G56A3 2017   780.92   C2016-942477-4

Présidente: Caroline Jamet
Directeur de l'édition: Jean-François Bouchard
Directrice de la commercialisation: Sandrine Donkers
Responsable, gestion de la production: Carla Menza
Communications: Marie-Pierre Hamel

Éditeur délégué: Éric Fourlanty
Conception graphique: Simon L'Archevêque
Photo de l'auteur: Hugo-Sébastien Aubert
Révision linguistique et correction d'épreuves: S.O.S. Coquilles!

L'éditeur bénéficie du soutien de la Société de développement des entreprises culturelles du Québec (SODEC) pour son programme d'édition et pour ses activités de promotion.

L'éditeur remercie le gouvernement du Québec de l'aide financière accordée à l'édition de cet ouvrage par l'entremise du Programme de crédit d'impôt pour l'édition de livres, administré par la SODEC.

Nous reconnaissons l'aide financière du gouvernement du Canada par l'entremise du Fonds du livre du Canada (FLC).

LES ÉDITIONS **LA PRESSE**
750, boulevard Saint-Laurent
Montréal (Québec)
H2Y 2Z4

AVANT-PROPOS

S'il y a un thème à cette collection de plus de 80 interviews, c'est bien la diversité. L'extrême diversité. Elle peut étonner aujourd'hui ; pourtant, elle ne fait qu'illustrer ce qu'était mon travail aux Arts et Spectacles de *La Presse* dans les années 50 et 60.

Nous étions alors quatre ou cinq à nous partager toutes les tâches, y compris la mise en pages. En ce qui me concerne, le dernier arrivé, le plus jeune aussi, on m'en confiait plus qu'aux autres. Je couvrais tout, comme critique et comme simple chroniqueur : la musique classique, la musique populaire, le jazz, le ballet, le folklore, le cirque, le patinage artistique, parfois même le cinéma, le théâtre, la radio et la télévision, sans oublier les reportages à l'étranger. Le seul domaine que je n'ai pas abordé : les arts plastiques.

Graduellement, j'ai tout laissé de côté pour me concentrer sur le classique, le grand amour de ma vie. Mais je ne regrette absolument rien de mes années d'apprentissage. J'aimais tout ce que je faisais alors et vous invite aujourd'hui à partager ce plaisir.

Claude Gingras

ERNEST
ANSERMET

(1883-1969)

Le chef et fondateur de l'Orchestre de la Suisse Romande est venu à l'Expo 67 avec son orchestre – il avait alors 83 ans! – pour trois concerts, qu'il partageait avec celui qui allait lui succéder (pour trois années seulement), le Polonais Paul Kletzki (né Pawel Klecki).

«Miraculeuse! C'est une salle miraculeuse!» s'était exclamé Ansermet après sa première répétition à Wilfrid-Pelletier. Cet enthousiasme avait de quoi surprendre chez un esprit formé aux sciences et une oreille flattée par l'acoustique – celle-là miraculeuse! – du Victoria Hall de Genève. Et pourtant, Ansermet parlait bien de Wilfrid-Pelletier, cette salle tant décriée par après.

Ansermet a signé deux enregistrements de *Pelléas et Mélisande* de Debussy, l'un en mono, l'autre en stéréo, et je veux savoir lequel il préfère. «Ah! ça, je ne vous le dirai pas!» répond-il avec un sourire malicieux.

Il me répondra quand même en fustigeant la stéréo, encore controversée à ce moment-là. «Les maisons de disques aujourd'hui ne pensent qu'à cela, le son. Écoutez: ils enregistrent l'orchestre là, avec des micros, ils enregistrent les voix ici, avec d'autres micros, et ensuite ils mélangent les deux... Mais ce n'est pas mon mélange à moi.»

Trois compositeurs suisses, Frank Martin, Conrad Beck et Pierre Wissmer, figuraient aux programmes de l'OSR et accompagnaient celui-ci à Montréal.

Si nous avons constaté au cours des années que Wilfrid-Pelletier n'avait rien de « miraculeux », nous avons aussi appris beaucoup plus tard, en 2000, avec la parution d'une anthologie du Festival de Salzbourg de 1942, et donc de l'Anschluss, qu'Ansermet y avait partagé le podium avec les sympathisants nazis Clemens Krauss et Willem Mengelberg.

CHARLES
AZNAVOUR

(NÉ EN 1924)

Je garde d'Aznavour – le célébrissime Aznavour dont on n'a même pas à donner le prénom – trois impressions précises : une très petite taille, comme la contradiction même d'un immense talent ; une voix un peu voilée, immédiatement reconnaissable, comme celle de Frank Sinatra ; une conversation des plus simples, sans originalité et sans cabotinage.

Car il faut savoir que, peu nombreux aux Arts et Spectacles de *La Presse* dans les années 50 et 60, nous nous partagions tous les secteurs. Entre autres choses, je couvrais, aussi, les variétés.

En 1967, année où je l'ai interviewé, Aznavour en était à environ 1 000 chansons, soit quelque 800 dont il avait tout écrit, paroles et musique, le reste ayant été fait en collaboration. «Ce qui m'intéresse avant tout dans une chanson, c'est le texte. Mais je ne suis pas poète. Je suis un auteur de chansons qui a un certain langage poétique. (Pause) Mes chansons ne sont pas toutes bonnes. Disons que j'ai 300 gros succès, 300 demi-succès, et qu'il y en a une centaine que je n'aime pas du tout. Parmi celle que je n'aime pas du tout : *Sur ma vie, Méqué, méqué, Bâiller et dormir*. Je déteste cette chanson : *Bâiller et dormir.*»

Et ses préférées ? *Sa jeunesse, Une enfant* et *On ne sait jamais*.

Sur la perspective d'affronter l'immense vaisseau à 3 000 sièges de la salle Wilfrid-Pelletier : «Il n'y a pas de "grande" salle quand c'est plein. C'est le public qui fait l'intimité. Une grande salle bien remplie est plus intime qu'une petite salle à moitié pleine. »

CECILIA
BARTOLI

(NÉE EN 1966)

Un honneur pour Québec : c'est au Festival d'été de la Vieille Capitale, le jeudi 12 juillet 1990, que la virtuose vocale fit, à 24 ans, ses débuts en Amérique. Le lendemain, un vendredi 13, dans *Le Soleil*, Marc Samson titrait : « Cecilia Bartoli : un triomphe et le mot est faible ».

Un an plus tard, le triomphe se déplace vers Montréal. En l'espace de cinq jours, la mezzo-soprano chante au Festival de Lanaudière, à la basilique Notre-Dame et à l'aréna Maurice-Richard, partout avec Charles Dutoit et l'Orchestre Symphonique de Montréal.

Trois concerts : une interview s'impose. Le relationniste de l'OSM, se prenant pour son gardien (comme tant d'autres !), dit ignorer à quel hôtel elle est descendue. Le refrain habituel : « Elle chante ce soir, il ne faut pas la déranger… »

C'était l'après-midi du concert à la Basilique. Je finis par trouver où elle niche et *drrring*, la voici au bout de la ligne. Elle m'accueille le plus gentiment du monde, me parle dans un excellent français, le sourire dans la voix, bla-bla-bla, sans le moindre signe d'impatience. Il est 17 h 30 environ.

– Je ne voudrais pas abuser : vous chantez dans deux heures…

– Aucun problème !

– Alors, samedi soir, à Lanaudière ?…

– Je n'avais jamais vu ça, 6 000 personnes debout à m'applaudir. C'était d'ailleurs la première fois que je chantais en plein air.

Elle me parle de ses parents, deux anciens chanteurs de l'Opéra de Rome qui furent ses premiers professeurs, me raconte qu'à 16 ans elle étudiait la trompette en même temps que le chant, et qu'elle faisait aussi de la danse flamenco.

Les chanteuses qui l'ont marquée : Maria Callas, Renata Tebaldi, Marilyn Horne et, d'une époque antérieure, la légendaire Conchita Supervia.

– On prononce Bar-TO-li ou BAR-to-li ?

– D'une façon ou de l'autre.

Je n'oublie pas – puisqu'elle semble l'avoir oublié – qu'elle sera en scène dans moins de deux heures et je mets fin à la conversation, non par plaisir, mais par simple décence élémentaire.

Dès le début, Cecilia Bartoli fit l'unanimité. Ou presque. On entendit un tout autre son de cloche, celui d'Ewa Podleś, la stupéfiante contralto polonaise aux trois octaves et à la voix d'homme, révélée à Lanaudière en 1998. Au cours de l'interview qu'elle m'accorda (avec son mari, accompagnateur et gérant) dans un restaurant-jardin de l'avenue du Parc, elle descendit sa rivale en flammes : « C'est une soprano. Elle n'est même pas mezzo, car tout ce qu'elle fait en mezzo est forcé, artificiel. Elle *pousse*. Voyez, comme ça ! » Et Mme Podleś d'improviser une imitation assez cruelle de celle qu'elle qualifie finalement de « contraltino ».

GILBERT
BÉCAUD

(1927-2001)

Décembre 1966. Je téléphone à Gilbert Bécaud pour prendre des nouvelles de son chien. Bécaud venait de s'acheter un saint-bernard pour son domaine de la banlieue de Paris et c'est son grand ami le maire Drapeau, déjà propriétaire de deux chiens de la même race, qui lui avait donné la bonne adresse : un éleveur de L'Assomption.

Bécaud me parle, non pas du chien mais, en grinçant des dents, de ma critique de son dernier spectacle.

– Je vous en remercie. Là, je m'en retourne à Paris, mais quand je reviendrai, j'aurai deux mots à vous dire à ce sujet.

– Dites-les tout de suite.

– Je la trouve un peu inopportune...

– C'est votre droit.

– ... et un peu ridicule.

– C'est votre droit aussi.

– Au revoir, monsieur.

– Au revoir, monsieur Bécaud.

Je retrouve ma critique, parue le 29 novembre (nous sommes toujours en 1966). J'ai aimé ce que j'ai vu et entendu, avec quelques petites réserves. Je crois que l'intéressé n'a pas apprécié cette phrase : « Et cette idée de jouer les petits garçons naïfs quand on a 39 ans ! »

Le spectacle avait été précédé d'une rencontre de presse, l'occasion pour moi, encore une fois, de lui parler privément. Homme de chiffres, Bécaud : il se déplace dans deux avions et trois voitures et possède chez lui quatre pianos. « Où que je sois dans la maison, j'ai tout de suite l'instrument pour noter une nouvelle mélodie. » Au hasard de la conversation, il me confirme que son vrai nom est Silly. Il ajoute : « Oui, je sais ce que *silly* veut dire en anglais ! »

Un messager apporte un télégramme. Frank Sinatra l'informe qu'il vient d'enregistrer en anglais *Et maintenant,* l'un de ses plus gros succès. Le ténor Richard Tucker l'a presque transformé en air d'opéra, Herb Alpert l'a transposé à la trompette et Bécaud lui-même l'a gravé en arabe !

Il évoque en passant la production de son *Opéra d'Aran* l'été précédent, en 1965, initiative du maire Drapeau (l'ami des chiens, comme on l'a vu), dans le cadre des Festivals de Montréal, aujourd'hui disparus. Il a vu plusieurs productions de son *Aran* (il prononce le titre en faisant sonner le « n »). « Mais aucune ne m'a donné autant de satisfaction que celle de Montréal. »

Bécaud revint deux ans plus tard, en octobre 1968. Cette fois, il ne rencontra la presse qu'après la première. La grève générale qui paralysa la France au mois de mai l'a ébranlé.

– Je suis d'accord avec tout ce qui est révolution, à la condition qu'il n'y ait pas d'effusions de sang, qu'il n'y ait pas de morts. C'est toujours bon, les révolutions. Parce qu'on s'endort. Il faut se réveiller de temps en temps. Moi aussi, je conteste. C'est pour ça que je veux écrire d'autres chansons et aller un peu plus loin. Parce que c'est un peu simple, ce que j'ai écrit jusqu'à maintenant...

– Ça veut dire quoi, «aller plus loin»? Aller plus loin dans quoi?

– Dans tout.

– Aller plus loin dans l'inspiration ou dans l'écriture?

– Dans l'inspiration, bien sûr.

– Dans le genre fantaisiste ou dans le genre sérieux?

– Dans les deux.

– Vous voulez faire réfléchir davantage les gens?

– Non: dire plus de choses. Je ne peux pas vous expliquer ça. C'est quelque chose d'intérieur chez moi.

– On vous emm... un peu avec nos questions?

– Un petit peu, oui.

– On vous torture...

En riant et en me pointant du doigt:

– VOUS me torturez. Eux sont gentils, mais VOUS me torturez!

Et le chien? Je ne l'avais pas oublié, lui non plus.

– Je l'ai donné à des moines... parce qu'il mangeait trop!

MAURICE
BÉJART

(1927-2007)

Cinquante ans ont passé – un demi-siècle ! – et pourtant, ceux qui étaient là se rappellent encore les fulgurants débuts en Amérique, à l'Expo 67, du Ballet du XXᵉ Siècle, la compagnie bruxelloise de 50 danseurs fondée en 1960 par Maurice Béjart. Ils se rappellent surtout, parmi plusieurs révolutionnaires créations du chorégraphe, celle, à la fois sauvage et dépouillée, greffée sur *Le Sacre du printemps* de Stravinsky.

Cinquante ans plus tard, je vois encore ces «machines à gestes» pourtant en chair et en os surgir de terre pour devenir tour à tour végétal, animal, puis humain.

Montréal, seule ville à recevoir la troupe en cette première visite sur notre continent, n'avait jamais rien vu de tel en fait de danse moderne à grand déploiement – on avait vu de petits groupes de quelques danseurs, oui, mais pas un régiment de 50 ! L'immense succès de ce premier contact provoqua d'ailleurs un retour dès l'année suivante.

Dans le cadre d'Expo 67, le Ballet du XXᵉ Siècle se produisit du 9 au 13 mai, salle Wilfrid-Pelletier. Bien que pressé par l'horaire, et faisant mentir sa réputation d'homme fermé, solitaire, et quoi encore, Béjart m'accorda cette semaine-là une très longue interview qui occupait plus d'une demi-page de journal.

Nous reprîmes d'ailleurs l'exercice une ou deux fois. À quelques années d'intervalle, j'avais noté qu'à certaines questions Béjart répétait parfois exactement les mêmes mots et les mêmes phrases. Une leçon bien apprise ? Sans doute pas. Plutôt, une possession si entière de tel ou tel sujet que d'autres mots auraient moins fidèlement traduit sa pensée.

Le début du premier entretien avait de quoi décourager n'importe quel journaliste.

— Monsieur Béjart, que représente, pour vous, la danse ?

— C'est ma façon de m'exprimer, tout simplement.

— Pourriez-vous développer cette idée ?

— Vous savez, parler de ce que je fais... Je *fais*, voilà tout. Je n'en parle pas.

— Et si on vous demandait comment vous travaillez, comment vous « faites » un ballet ?

— Je pars d'une idée. Je ne pars jamais d'une histoire. Ni d'une musique. Bien sûr, vous me direz que mon ballet sur *Le Sacre du printemps*... très bien, c'est une musique déjà existante. Mais je suis d'abord parti d'une idée.

— Du strict point de vue chorégraphique, vous ne rejetez pas la technique traditionnelle, le vocabulaire académique...

— Certainement pas ! Boulez ne pourrait pas écrire comme il écrit s'il ne connaissait pas Jean-Sébastien et *L'Art de la fugue*. L'essentiel, c'est de connaître la technique mais de faire autre chose que ce qui a déjà été fait.

— Et maintenant, si je vous redemandais comment vous travaillez ?

— Alors, là, je comprends mieux votre question. Dans le ballet moderne, les pas qui paraissent les plus surprenants ne sont, en fait, que des pas académiques avec de légères déformations. C'est ce que j'appelle « faire autre chose ». Ces pas peuvent toujours s'expliquer par des positions académiques nettes et strictes. Ensuite, je déplace certains éléments du corps humain et j'obtiens ce que je veux.

– Le Ballet du XXᵉ Siècle, fidèle à son nom, ne compte, je pense, aucune œuvre classique à son répertoire.

– Par « classique », vous entendez sans doute des ballets académiques comme *Le Lac des cygnes*. Non. Nous n'avons rien de cela. Il y a partout confusion des termes. Une chose « classique », pour moi, c'est une chose dépouillée, sobre. Dans les ballets comme *Le Lac des cygnes, La Belle au bois dormant,* il y a, bien sûr, la technique académique, qui est très importante, mais elle y est noyée sous un ramassis d'imbécillités. Pour moi, ces ballets-là, c'est le néant : une histoire idiote, une musique de mauvais goût, un amas de tulle, de dentelle et de fleurs. Le ballet académique, c'est pour les bourgeois et les vieilles dames.

– Vos ballets sont très dépouillés visuellement : les costumes se résument presque toujours en de simples collants et les décors sont réduits à leur plus simple expression.

– Oui, et c'est justement ce que je trouve détestable dans le ballet académique. Le corps humain est un instrument très complet en soi. Moins il y a de vêtements, plus nous sommes près de l'abstraction et de la danse. Le vêtement est époque et anecdote. Le corps humain était, il y a 4 000 ans, le même qu'il est aujourd'hui. Le corps humain est un instrument apte à faire tout ce que l'on veut. Nous sommes loin d'avoir fini d'exploiter toutes ses possibilités de gestes et de combinaisons de gestes.

– Ne croyez-vous pas que la musique puisse, elle aussi, distraire de la danse ?

– Certainement. La musique doit être au service du geste et le ballet doit pouvoir éventuellement se passer de la musique. Dans certains de mes ballets, il y a des séquences de silence complet. Actuellement, je travaille, justement, à un ballet complet qui sera sans musique. Le geste lui-même *peut* être musique. Car, pour moi, la danse, c'est de la musique visuelle.

HARRY
BELAFONTE

(NÉ EN 1927)

Il était l'homme d'une seule chanson, *Matilda*, lorsqu'il se produisit pour la première fois à Montréal, le 27 août 1953, au théâtre Seville, dans l'ouest, près du Forum. Et encore, *Matilda*, c'était alors une voix beaucoup plus qu'un visage. Plus précisément, un petit 45 tours qui tournait sans cesse à la radio.

Oui, une voix sans visage. La preuve : après la courte interview que Belafonte m'accorda cette fois-là, nous descendîmes, lui, le gérant du Seville et moi-même, toute la rue Sainte-Catherine jusqu'à son hôtel, rue Drummond, sans que personne le reconnaisse en plein jour !

Belafonte nous est revenu maintes fois, et très vite assez célèbre pour remplir la vaste salle Wilfrid-Pelletier. C'est lors d'une de ces visites, en mai 1965, qu'il nous présenta sa dernière découverte, Nana Mouskouri. Ma question s'adresse non pas à Belafonte mais à Mme Mouskouri, qui attend timidement son tour d'entrer dans la salle, accompagnée de son mari.

– Comment M. Belafonte vous a-t-il découverte ?

– Il y a quatre ans, en Grèce, dans un cabaret où je chantais.

– Portez-vous toujours ces verres noirs, même à la scène ?

– Toujours. Ce n'est pas un truc commercial. C'est vraiment parce que je suis myope.

— Quel est votre compositeur préféré?

— Oh! il y en a plusieurs. J'aime beaucoup les chansons de Jacques Brel...

— ... sans oublier, sans doute, Michel Legrand, l'auteur de la musique des *Parapluies de Cherbourg*, que vous avez popularisée...

— Ah! mais bien sûr!

— M. Belafonte, avez-vous vu le film?

— Non, malheureusement. Que voulez-vous : je n'ai pas le temps de tout voir.

— Où avez-vous présenté Nana Mouskouri jusqu'à maintenant?

— Nous avons fait uniquement des tournées d'universités américaines. Cette semaine, à Montréal, nous faisons en quelque sorte nos débuts ensemble en «circuit commercial».

***

Graduellement, un changement s'opéra dans la personnalité de Belafonte. Délaissant l'éphémère style beau grand chanteur, l'homme devint aux États-Unis le défenseur des siens.

Chaque nouveau spectacle, ou presque, était précédé d'une conférence de presse qui prenait petit à petit l'allure d'une conférence tout court. Belafonte parlait de moins en moins de son programme et de ses projets d'artiste et de plus en plus du sujet qui le préoccupait par-dessus tout : la défense de ses compatriotes noirs.

Je retrouve mes comptes rendus des années 60. Ils pourraient avoir été écrits aujourd'hui. Écoutons Belafonte le 1er août 1967 :

«Ce qui vient de se passer au Michigan et ailleurs [NDLR : des émeutes raciales qui ont fait des dizaines de morts] n'a surpris personne, sauf le président des États-Unis [NDLR : Lyndon B. Johnson]. Il est regrettable que les États-Unis ne possèdent pas un gouvernement – au niveau local et au niveau national – capable de régler ces problèmes... Mais il y a un manque de compréhension non seulement de la part du gouvernement, mais aussi de la part de la population blanche. Il y a longtemps que la population noire des États-Unis lutte pour sa dignité. Nous avons tout essayé. Nous avons d'abord adopté une politique de non-violence, mais la population blanche n'a pas prêté l'oreille aux recommandations de Martin Luther King. Cela a conduit la population noire à la frustration... La population noire se bat contre la brutalité de la police et elle se bat pour l'égalité économique. Les Noirs vont se battre au Vietnam aussi bien que les Blancs... »

Tout en étant d'accord avec ce qu'il dit – et comment ne le serait-on pas ! –, j'ose demander à Belafonte s'il ne préfère pas finalement la politique au *show business*.

Sa réponse : «Bien sûr que je préfère le *showbiz*. Autrement, je me présenterais comme gouverneur ! »

ROBERTO
BENZI

(NÉ EN 1937)

Nous bavardons depuis trois heures lorsque je fais remarquer à Roberto Benzi que je ne l'ai pas encore interrogé sur sa carrière d'enfant prodige.

– C'est justement pour cela que je vous ai parlé si longtemps.

À 10 ans, Roberto Benzi dirigeait l'Orchestre Colonne, à Paris ; à 13 ans, le monde entier voyait à l'œuvre le petit génie, tête bouclée et culottes courtes, dans un film devenu un classique, *Prélude à la gloire*.

Nous voici maintenant en 1967.

– Je n'aime pas revenir sur ce passé, insiste-t-il. Je ne le renie pas : il m'a permis d'être connu très jeune. Mais la seule utilité de cette carrière d'enfant prodige a été de me donner une technique et un fond de répertoire et de me les donner très jeune, donc de les ancrer chez moi à un âge où l'on est extrêmement réceptif.

– Ce qui fait qu'aujourd'hui, à 30 ans, au moment où un chef d'orchestre est au seuil de la carrière, vous avez pratiquement terminé la vôtre…

– C'est justement ce que j'essaie de combattre. Parce que là, les orchestres et le public attendent de moi ce que l'on attend d'un chef de 40 ou 45 ans, étant donné, voyez-vous, que j'ai déjà 10 années de carrière. Mais je n'ai pas du tout l'impression d'avoir fini. C'est pour cela que je n'aime pas parler de cette période de ma vie qui n'a rien à voir avec ce que je suis et ce que je fais actuellement.

Mon très long entretien avec Roberto Benzi découvre un homme qui, avec 10 années de «précarrière», si l'on peut dire, possède l'expérience d'un musicien d'âge mûr – de 40 ou 45 ans, comme il l'a dit. Il compare dans le détail les Mozart, Beethoven et Brahms de Furtwängler, Karajan, Toscanini, Krips, Bruno Walter.

Quelques échos de ces trois heures devant je ne sais plus combien de cafés refroidis... «Prenez l'*Eroica*. Avec Furtwängler, c'est une cathédrale gothique ; avec Toscanini, une petite église baroque, marrante. Oui, Toscanini tyrannisait ses musiciens. Aujourd'hui, il se ferait jeter à la porte des orchestres. Vous ne pouvez plus dire à un musicien qu'il joue faux... Toscanini, c'est toujours très vite. Mais remarquez bien que c'est lui qui se rapprochait le plus des mouvements métronomiques que Beethoven ajouta à toutes ses symphonies tout de suite après l'invention du métronome, donc après avoir écrit la huitième Symphonie.»

Et Mozart? «Je suis toujours déçu des interprétations mozartiennes, les miennes comme celles des autres. Oui, parce qu'il y a chez Mozart une *simplicité* très difficile à faire sentir. La ligne entre le classicisme et le romantisme, entre ce côté "masculin", si vous voulez, et le côté "féminin", est extrêmement mince.»

L'orchestre le plus parfait au monde, selon lui? «Le Philharmonique de Berlin, surtout avec Karajan. Le Philharmonique de Vienne, ce n'est rien à côté de Berlin.» Et l'OSM, qu'il vient de diriger? «C'est un orchestre très perfectible.»

Il y en avait ainsi pour deux pleines pages de journal...

LAZAR
BERMAN

(1930-2005)

Ottawa, octobre 1976. Lazar Berman, un autre colosse soviétique du piano, vient de faire dans la capitale, et donc avant Montréal, ses débuts au Canada. Les États-Unis l'avaient entendu en janvier de la même année.

Il arrivait précédé d'une certaine légende et d'un «mot» de Gilels : «Si Richter et moi-même faisions du piano à quatre mains, nous n'égalerions pas Berman!»

Après son concert, nous nous retrouvons dans un restaurant. Il m'autographie l'un de ses disques – «12/X/76, le 1er fois à Canada [sic], Ottawa», en grands traits rouges – et nous parlons, malgré le va-et-vient et le bruit. «Bien sûr, me dit-il, le bruit me dérange. Mais qu'est-ce qu'on peut faire ? Ce sont des clients... »

Lui qui ne parle pas anglais se dit heureux de pouvoir converser en français, chose qu'il n'avait pas imaginée en venant en Amérique. Je l'informe d'une récente parution Murray Hill de quatre 33 tours groupant plusieurs de ses anciens enregistrements soviétiques et lui en énumère le contenu.

– C'est cela, ils ont tout pris, dit-il en se retournant vers son gérant, Jacques Leiser (également très connu comme photographe d'artistes).

Berman n'a pas vu le coffret, mais il me donne la date d'enregistrement de chaque œuvre. Il veut fumer mais n'a pas ses cigarettes avec lui. Je lui offre des mentholées. Il les aime tellement que je lui laisse mon paquet.

– Vous jouez beaucoup de Liszt. Comment êtes-vous venu à ce compositeur ?

– Je ne sais pas. Cela fait tellement longtemps que j'en joue !

– La toute première œuvre de Liszt que vous avez travaillée ?

– Je ne me rappelle plus.

– Vous ne jouez pas beaucoup de Bach, de Mozart…

– Non, pas beaucoup.

On apporte les filets mignons. Berman se jette sur son assiette. Je me fais invisible pendant dix minutes pour lui laisser son plaisir. On le comprend, après s'être tant dépensé dans le Concerto de Tchaïkovsky !

Et voici le plateau de pâtisseries.

– Non. Ça, je résiste toujours. Je dois perdre quelques livres.

– Le Tchaïkovsky devrait pourtant suffire !

– Justement, même après le Tchaïkovsky, je ne perds rien !

– Alors, il faut changer de concerto !

LEONARD
BERNSTEIN

(1918-1990)

Auteur de *West Side Story,* mais avant tout musicien classique, Leonard Bernstein avait donné à l'Expo 67 deux concerts avec l'Orchestre Philharmonique de New York dont il était alors le titulaire. Après le second concert, un samedi soir, sa maison de disques organisa un souper tardif dans un grand salon du Ritz-Carlton pour les disquaires de la ville et des environs.

Occupant les deux côtés de la table qui faisait toute la longueur de la pièce, les nombreux invités bavardaient et s'empiffraient sans faire le moindre cas de la célébrité qui leur avait valu cette rare sortie dans le « grand monde ». Bernstein était au centre. À sa droite, on avait placé Huguette Paré, importante réalisatrice d'émissions musicales à Radio-Canada ; à sa gauche, celui qui vous parle.

Je n'ai rien mangé ce soir-là. Je voulais une interview avec Bernstein et l'ai obtenue. Pourtant, Bernstein n'avait pas été informé que quelqu'un l'interviewerait puisque je n'en avais parlé à personne. Du reste, au beau milieu de notre conversation très animée, il me lance, en riant : « Pourquoi me posez-vous toutes ces questions ? J'espère que vous n'êtes pas en train de m'interviewer ! Ah ! vous voulez avoir une bonne *story* pour votre journal ? »

Allumant une cigarette avec la précédente, chaleureux et jovial, et parlant un excellent français, Bernstein me donna, oui, une très bonne *story*. Il terminait alors sa première intégrale Mahler au disque et venait d'enregistrer la neuvième Symphonie de Bruckner.

Une intégrale Bruckner en vue ? Bernstein semble presque choqué : « Pas du tout ! Il n'y a aucune comparaison entre les deux compositeurs. Les deux viennent de Wagner, mais c'est tout ce qu'ils ont en commun. Bruckner est un homme de la campagne, un naïf. Mahler est un homme du monde, un être d'une profondeur incroyable. »

Le premier de ses deux programmes comportait une rareté : la deuxième Symphonie de Charles Ives, cet étonnant pionnier de la musique américaine. « On le surestime », observe-t-il gravement. Pourtant, dans les notes accompagnant son enregistrement de l'œuvre, il parlait d'Ives comme d'un « génie ». Il précise : « Je le pense encore. Ives était un génie. Mais ce n'était pas un grand compositeur. »

Autre précision, concernant cette fois la « fameuse sonorité » que l'on attribue à tel ou tel orchestre : « C'est une insulte au compositeur. Un orchestre doit adopter la sonorité propre à chaque œuvre. Mes musiciens sont extraordinaires pour ça. Ils savent exactement quel vibrato employer pour telle musique allemande, quelle embouchure utiliser pour Ravel. »

Lorsque je l'ai rencontré, Bernstein travaillait au spectacle musical qu'on lui avait commandé pour l'inauguration du Kennedy Center de Washington, en 1971. Non encore fixé sur le produit fini, il parlait de « quelque chose » pour lequel il n'avait même pas trouvé de titre. Le « quelque chose » est devenu le complexe – et inégal – *Mass* pour chanteurs, acteurs, danseurs et orchestre.

Après une heure d'agapes, Bernstein sort de table et annonce à l'assemblée : « Vous devez m'excuser. Quelques musiciens de l'OSM ont organisé une petite fête et j'ai promis d'y aller. » Je savais, par un ami qui le pilotait à Montréal, que Bernstein nous racontait un petit mensonge. Pourtant venu ici avec deux de ses enfants (qu'il nous présenta d'ailleurs), il avait demandé à cet ami de l'emmener faire la tournée des bars pour hommes. Il s'était d'abord précipité à la taverne Lincoln (rue Saint-Denis, près de Mont-Royal), qui fermait à minuit, et avait terminé la nuit au Hawaiian Lounge, la sulfureuse discothèque située rue Stanley, au-dessus de Chez Paree.

Au dire du « complice », il en revint enchanté. « Enfin, je pouvais entrer quelque part sans qu'on me reconnaisse ! »

JACQUES
BREL

(1929-1978)

Brel en interview en 1965, à 36 ans, cela donnait à peu près ceci :

– Vous nous apportez de nouvelles chansons ?

– Oui. Une dizaine.

– Quels thèmes traitez-vous maintenant ?

– Je parle beaucoup de la mort. Mais la mort en tant que symbole – pas la vraie mort !

– Vous composez toutes vos chansons vous-même, paroles et musique, et ne chantez rien d'autre que vos chansons ?

– C'est juste. La musique, disons à 80 pour cent, le reste avec mes musiciens.

– Vous ne chantez jamais les chansons des autres ?

– Non. Ça ne m'intéresse pas.

– Mais vos chansons, elles, sont parfois interprétées par d'autres. Quels sont vos interprètes préférés ?

– Il y en a au Canada, je crois, mais je ne les connais pas. En Europe, personne ne chante mes chansons. Je n'y tiens pas non plus. Je suis stupéfait quand on m'apprend que quelqu'un veut chanter mes chansons !

– Yves Montand chante parfois vos chansons, non ?

— Montand a chanté une de mes chansons… Mais ça ne m'amuse pas.

— Vous vous apprêtez à faire vos débuts à New York. Ne vous inquiétez-vous pas de la vente des billets ? Vous n'êtes pas très connu aux États-Unis…

— Je suis totalement inconnu là-bas. Je ne m'occupe de rien et je m'en contrefous !

— Vous ne chanterez qu'en français, bien sûr…

— Je ne parle pas un traître mot d'anglais et je ne tiens pas à l'apprendre !

— Vous êtes Belge. À Paris, on vous considère comme un étranger ?

— Oui, comme un étranger. Mais je parle le français mieux que les Parisiens !

— Et, chez vous, en Belgique ?

— J'ai quitté mon pays. On m'y considère comme un anarchiste et un anticlérical.

— Les autres auteurs-compositeurs-interprètes. Léo Ferré, par exemple ?

— Je n'aime pas Ferré. Je n'aime pas ce qu'il fait et je ne l'aime pas, lui. J'aime les gens honnêtes : Brassens… Trenet… Aznavour.

— Une collègue se désolait tout à l'heure. Elle vous croit misogyne…

— La femme, de nos jours, essaie de faire l'homme. Comment voulez-vous que je la considère ? Je sais, j'ai un caractère de cochon. Que voulez-vous : je suis comme ça !

On change de disque. Brel se dit attristé par la mort d'Edgard Varèse, survenue quelques jours plus tôt, et me parle de son intérêt pour Ravel, Debussy, Hindemith.

Deux ans plus tard, en mars 1967, nouvelle rencontre.

– Alors, votre impression sur vos débuts à New York ?

– Aucune. Pour moi, ça n'a aucune importance parce que ça n'a attiré que la colonie francophone de New York.

– Mais vos disques se vendent aux États-Unis...

– J'sais pas. J'm'en fous.

Nous déambulons maintenant rue Sherbrooke. Brel se dit étonné de voir les nouvelles plaques d'immatriculation :

– Pourquoi ils ont enlevé « La Belle Province » ? Qu'est-ce que c'est, « Confédération » ?

Plus tard, il m'annoncera :

– J'ai décidé de lâcher le tour de chant. J'en ai marre. Je veux faire autre chose.

– Et cette « autre chose », c'est quoi ?

– Ça, ça me regarde.

– Je n'en doute pas, mais on dit que vous voulez écrire, que vous avez un roman en tête.

– Je veux écrire, c'est certain. Mais ce n'est pas tout ce que je veux faire. Je veux faire autre chose. Ça ne vous arrive pas, vous, de vouloir faire *autre chose* ?

– Alors, le roman. Vous y parlerez de quoi, au juste ?

– Je ne sais pas. Je n'ai pas encore de sujet.

– J'ai lu dans un journal français que vous vouliez acheter une île en Méditerranée pour être seul et écrire.

– Qu'est-ce que c'est que cette connerie ? Une île : vous n'y pensez pas !

– Quand les gens disent que vous êtes en révolte contre le monde...

– ... ils ont parfaitement raison !

– Et le spectacle d'adieu, c'est pour quand ?

– Le 16 mai prochain, à Roubaix, au nord de la France, pas tellement loin de la Belgique.

Et ce fut, effectivement, le 16 mai 1967, à Roubaix.

ALFRED
BRENDEL

(NÉ EN 1931)

Mercredi 28 mars 1979. Le grand pianiste autrichien venait tout juste d'enregistrer devant public un récital Brahms-Liszt pour la télévision de Radio-Canada et les choses ne s'étaient pas trop bien passées. Le piano étant défectueux, des accordeurs durent en retirer le clavier sous les yeux de tous, entre deux groupes de pièces, pendant que les micros demeurés ouverts renvoyaient dans le studio les blagues crues que s'échangeaient les techniciens. Pour comble, le pianiste, réputé pour son impatience, dut revenir faire son petit salut une deuxième fois. Bref, l'amateurisme à son meilleur.

Une réception suivit. Brendel était là: le style dégingandé du professeur de chimie à lunettes et l'air maussade. Il avait aussi connu des problèmes de piano dès son tout premier passage ici, en 1961.

On se regarde, personne n'ose l'approcher. Tout à coup, on le voit se lever et se diriger lentement vers le buffet. Je le suis, mon magnétophone à la main, et lui adresse quelques mots. Il ne remarque même pas que je suis là. Imperturbable, je ne dis rien et j'attends... Il réagit enfin, mais sans quitter des yeux tous ces plats qui s'offrent à lui:

– Mangez quelque chose...

– Je ne suis pas ici pour manger mais pour avoir une interview avec Alfred Brendel!

Est-il flatté? Ai-je piqué sa curiosité? Quoi qu'il en soit, son attitude change du tout au tout et il m'invite à sa table, en me prévenant: «Je n'aime pas les interviews systématiques. Je préfère la conversation.» Tout en mangeant, il passe à travers la longue liste de questions que j'avais sur mon calepin.

Concernant ses enregistrements des mêmes Beethoven et Mozart réalisés à 10 ou 20 années d'intervalle: «Je pense que, pour l'ensemble, mon style a changé, à l'intérieur de mon cadre de pensée et de mes possibilités. Il a changé beaucoup dans certaines œuvres et peu dans d'autres, et il continue d'évoluer. Par exemple, si vous m'écoutiez jouer la *Hammerklavier* en concert, aujourd'hui, vous verriez que c'est différent, en partie, de mon enregistrement de 1970, lequel différait, par d'autres aspects, de mon enregistrement de 1959.»

On aura remarqué le sens des nuances au lieu des généralités, l'organisation du cerveau, l'articulation de la pensée, comme l'est du reste le jeu au piano.

Cette journée-là, parmi des douzaines de sujets, de Chopin à Brahms, Brendel m'a surtout parlé de Liszt. «Je sais, mon intérêt pour Liszt en surprend plusieurs. C'est qu'ils ne le connaissent pas. La musique pour piano de Liszt peut être orchestrale, vocale, impressionniste même. On trouve chez lui presque toutes les sonorités que Debussy et Ravel utiliseront plus tard. Il a énormément composé – beaucoup trop. Il n'est pas question de tout jouer, sans exception, mais de faire un choix. Pas plus qu'il n'est question de tout enregistrer ce qu'il a écrit: il faudrait être fou pour ça! Encore une fois, mon intérêt pour Liszt reste "parallèle". Le centre de mon répertoire, c'est Mozart, Beethoven, Schubert, avec beaucoup de choses autour, et Liszt en est le grand "marginal", l'"excentrique".»

MARIA
CALLAS

(1923-1977)

J'ai interviewé Maria Callas trois fois : en 1955, époque où elle était connue des seuls spécialistes ; en 1958, devenue la chanteuse la plus célèbre du monde ; et en 1974, alors en plein déclin.

J'ai relaté maintes fois ma première rencontre, notamment dans mon livre *Notes.*, paru en 2014. Le vendredi 18 novembre 1955, Callas et son mari et manager, Giambattista Meneghini, de 27 ans son aîné, descendent au Ritz-Carlton incognito, mais j'apprends quand même la chose, y compris le numéro de leur chambre !

La veille à Chicago, où elle chantait *Butterfly*, Callas est interpellée par des huissiers représentant un avocat qui lui réclame 300 000 $. Le couple doit sortir du pays le plus vite possible afin d'éviter d'autres procédures et se réfugie à Montréal en attendant le prochain avion pour l'Italie.

Dans l'après-midi et jusque dans la soirée, je demande plusieurs fois la communication avec la chambre 616. *No way.* Car on parlait uniquement anglais au Ritz à cette époque. Sachant que l'avion pour Milan décolle le lendemain à midi, je téléphone dès 8 h 30 le matin même, samedi. L'interdit a été levé et c'est tout bonnement Callas qui répond. Elle accepte de me voir à 10 h, avec mon photographe.

Nous attendons... attendons. L'élégante et svelte dame en noir sort enfin de l'ascenseur et me parle aimablement pendant cinq minutes. Je m'en tiens à des généralités (ses prochains engagements, par exemple), car le mari et la voiture attendent.

Je lui offre un exemplaire de *La Presse* de ce jour (samedi matin) où une photo de l'incident de Chicago figure à la une. Je retrouverai, bien des années après, un *live* de courtes interviews de Callas, avec une photo d'elle prise à l'aéroport de Milan le dimanche matin, la montrant telle que je l'ai vue le matin précédent, au Ritz. Aux journalistes accourus lui demander ce qui s'était passé à Chicago, elle répond : «Lisez les journaux de Montréal!» Autrement dit, «Lisez *La Presse*», en référence à l'exemplaire que je lui avais remis.

Trois ans plus tard, le premier concert de Callas à Montréal, le vendredi 17 octobre 1958, au Forum, devant 8 000 personnes, fut précédé d'une conférence de presse au Windsor, dans la Suite royale louée par le couple. S'exprimant en français, elle nous avait alors appris que les opéras qu'elle préfère chanter sont ceux de Bellini, Donizetti et Rossini ; les Verdi et Puccini viennent après. Le programme du concert comprendra pourtant un Verdi et un Puccini ; des trois autres compositeurs, seul Rossini sera représenté. Et elle nous avertit : il n'y aura pas de rappel.

Quelqu'un l'interroge sur la musique moderne. «Cela n'élève pas l'âme. Je ne veux plus en entendre parler.» Même réaction lorsque j'aborde la rivalité (qui battait alors son plein) entre elle et Renata Tebaldi. «Tout cela a été inventé par des gens totalement étrangers à elle et à moi et uniquement intéressés à des futilités. Je suis une de ses admiratrices et je suis sûre que cela est réciproque...»

Troisième et dernière rencontre : New York, hôtel Stanhope sur Fifth Avenue, le 7 février 1974. La conférence de presse ouvrait le segment nord-américain de la tournée mondiale d'adieu de Callas, qui avait débuté en Europe et allait se terminer en Asie. Callas partageait cet ultime voyage avec le ténor Giuseppe di Stefano.

L'imprésario montréalais Nicolas de Koudriavtzeff, un photographe de *La Presse* et moi-même, seuls invités du Canada, croisons d'abord di Stefano en chemise dans l'ascenseur. «*Buon giorno, buon giorno.*» J'ai reconnu le chanteur; Koudriavtzeff, pas.

Sol Hurok, l'imprésario des deux chanteurs, donnait la conférence de presse avec eux. À 86 ans, vieilli et détestable, il répondait souvent à leur place. Aucun rapport, sans doute: il mourut un mois plus tard, chez son banquier. «Il a fait une belle mort», ont commenté les mauvaises langues.

La confusion régnait dans le salon trop petit du chic hôtel où se bousculaient 80 journalistes, photographes et cameramen. J'attends sagement mon tour, obscur journaliste *from Canada*, me disant que la presse musicale new-yorkaise doit être là au grand complet. Personne, sauf Shirley Fleming, qui d'ailleurs n'ouvre pas la bouche. Tout autour, des courriéristes de campagne posent des questions d'une telle banalité que je me décide à foncer.

J'avais préparé cette interview toute la nuit au milieu d'un déménagement. Magnétophone en main, je pose question sur question puisque personne, ou à peu près, n'en pose.

En résumé, Callas a décidé de faire cette rentrée, après huit années d'absence, «parce que j'avais le goût, tout simplement...». Sur l'exactitude des deux livres parus sur elle à ce moment-là (celui de George Jellinek et celui de sa mère): «Je ne les ai pas lus.» Le récent film de Pasolini, *Medea*, où elle joue mais ne chante pas? «Je préfère ne pas parler de cela pour le moment.»

Parmi tous ses enregistrements, celui qu'elle préfère par-dessus tout ? « Je ne suis jamais entièrement satisfaite de ce que je fais. » Finalement, elle choisira le *live* de *Lucia di Lammermoor* avec Di Stefano et Karajan (Berlin, 1955). « Je suis étonnée d'avoir pu atteindre une telle perfection. »

Sur la nouvelle, que j'ai lue quelque part, concernant un disque de duos entrepris avec di Stefano : « Vous ne croyez pas tout ce que vous lisez dans les journaux, n'est-ce pas ? (Rires) Oui, nous avons commencé un disque, mais nous ne savons pas quand il sera terminé. »

Sa réponse la plus longue, elle la donna sur un sujet qu'elle avait pourtant dit ne pas vouloir aborder – et cette question venait, aussi, de moi : la situation de l'art vocal à travers le monde. « Vous ne vous attendez tout de même pas à ce que je parle de mes collègues ? En fait, je ne suis pas très curieuse de ce que font les autres. Je me concentre sur ce que je fais, moi. Mais je vais vous dire : trop de chefs aujourd'hui laissent les chanteurs faire n'importe quoi. On ajoute des notes, on introduit des cadences... Il y a un peu partout trop de "*little cadenza men*". Et je suis contre cette mode qui consiste à rétablir les coupures. Ces coupures ont été décidées par les grands chefs d'autrefois qui trouvaient que certains grands opéras étaient trop longs et qu'ils n'étaient pas, en fin de compte, aussi *grands* que cela... »

Dans son coin, Hurok coupe la parole à la chanteuse pour nous informer qu'il y a encore des billets à vendre, puis me reproche de trop entrer dans les détails, etc. Callas paraît ennuyée par le comportement du vieil imprésario. Mais il y a plus... Elle me lance, à un moment donné : « Vous ne donnez pas aux autres la chance de poser des questions. » Plus tard, un petit homme s'approche : certains sont venus se plaindre à lui de la même chose.

— Qui donc êtes-vous ? lui demandai-je.

— Le gérant des deux chanteurs.

— C'est cela, mon ami, une conférence de presse. Premier arrivé, premier servi !

J'ai encore quelques questions sur mon calepin et je les adresse à qui de droit. Exaspérée, Callas annonce, après 45 minutes de ce brouhaha : « Ce sera ma dernière réponse ! » Le trio disparaît bientôt pendant qu'un journaliste français vient me dire, d'une voix ulcérée, que je devrais « aller m'excuser auprès de Mme Callas ».

Prévu pour le 28 mars, salle Wilfrid-Pelletier de la Place des Arts, le concert Callas-di Stefano fut reporté au 13 mai, soit à la toute fin de la tournée nord-américaine. La raison : une indisposition non pas de Callas, mais de di Stefano. Montréal aura donc été la dernière ville de l'Occident à entendre La Divina.

MAURICE
CHEVALIER

(1888-1972)

L'un des plus gros noms de toute l'histoire du *show business*, Maurice Chevalier fut aussi l'une des principales attractions de l'Expo 67. Pendant une vingtaine de jours, le fameux fantaisiste au canotier fut au centre d'un mégaspectacle de variétés monté à l'Autostade de 25 000 places. Il n'y eut, hélas, pas 25 000 personnes chaque soir… En fait, il n'y eut même pas de première, un orage ayant éclaté dès le début du spectacle. La première eut lieu le lendemain.

Traditionnelle conférence de presse avant la première prévue. Ici, par exception, un composite des propos recueillis par mes collègues et moi-même.

«Le 12 septembre de l'an prochain, j'aurai 80 ans. On dit que je suis en pleine forme. Personne n'est "en pleine forme" à 80 ans! À cet âge-là, on est plus ou moins abîmé. Mais je me porte encore très bien et je puis vous dire que j'accepte actuellement des contrats pour le printemps 69. Je profiterai de ce joli nombre pour quitter.»

Sa liaison avec la légendaire Mistinguett, de 13 ans son aînée, vient sur le tapis. Chevalier remercie la journaliste qui a évoqué celle qui fut pour lui davantage qu'une reine du music-hall.

«D'autres étaient plus jolies, d'autres étaient plus jeunes, d'autres dansaient mieux, mais je n'ai jamais rencontré une autre femme, une autre artiste, possédant une telle personnalité. J'ai été amoureux de Mistinguett dès l'âge de 14 ans, alors que j'allais régulièrement la voir en spectacle. Ensuite, j'eus le bonheur de chanter avec elle… Mistinguett a fait l'erreur d'avoir débuté en Amérique trop vieille.»

SIR COLIN
DAVIS

(1927-2013)

On dit de lui qu'il n'a jamais étudié la direction d'orchestre. Je vais à la source. «Mais non! Cela a l'air de vous étonner. J'ai pris une seule leçon de direction: c'était avec Walter Goehr et cela a duré une heure à peine. Nous sommes passés à travers le premier mouvement de la première Symphonie de Beethoven. Question de me faire la main uniquement...»

Sur la même lancée, Colin Davis dira encore: «La direction d'orchestre, ça ne s'apprend pas, ça ne se définit pas, ça ne se décrit pas non plus. Quelles sont les qualités d'un chef d'orchestre? Vous le savez, vous? Moi, pas. Être chef d'orchestre, c'est... comment dire... savoir communiquer à des musiciens ce que l'on ressent, ce que l'on veut faire passer. Vous me posez là une question bien embêtante.»

C'était en février 1967. De la façade entièrement vitrée du grand foyer de la salle Wilfrid-Pelletier, Colin Davis observait le monstrueux chantier du Complexe Desjardins, en face. «On dirait que votre ville a été bombardée!»

Davis fait une pause et poursuit: «Le métier de chef d'orchestre ne s'apprend pas chez un professeur. Cela s'apprend *en dirigeant*. À chaque nouveau concert, j'apprends quelque chose de neuf.»

Bien qu'il ait accepté de donner une interview – et peut-être commence-t-il à le regretter! –, il précise: «Je n'aime pas parler de musique. Je n'aime pas tellement en écouter non plus. J'aime en faire. Mais attention: si le chef d'orchestre se complaît dans ce qu'il fait, alors c'est mauvais. Parce qu'il se laisse bercer par le son qui monte de l'orchestre et il ne fait plus de musique. Ce n'est pas au chef d'orchestre d'aimer la musique, mais aux auditeurs. S'il veut écouter, qu'il aille s'asseoir dans la salle. »

Et ses goûts en musique ? « Je n'ai pas de compositeur ou de genre préféré. J'aime à peu près tout. Pas également, bien sûr. Il y a de la musique *jolie*, il y a de la musique *divertissante* et il y a de la musique *importante*. » Dans ses propres mots : « *pretty* », « *entertaining* », « *important* ».

Impossible de laisser partir Colin Davis sans lui faire parler de sa grande passion, Berlioz. « Il représente tout ce qu'un homme doit être. Il est puissant, il est sensible, il est sardonique, presque sadique parfois, ou plutôt ironique, comme Mozart, et insolent avec ça. »

Lui qui « n'aime pas parler de musique » reviendra plus tard sur le sujet de Berlioz. « J'aime Berlioz parce qu'il est méconnu, méprisé même, par ses propres compatriotes. Berlioz est rejeté en France : il fallait un Anglais pour le découvrir ! Je regrette de le dire, mais la France n'est pas un pays musical. Les Français n'ont de respect pour rien. »

Colin Davis devint « Sir » en 1980, mais ne revint jamais à Montréal.

MILES
DAVIS

(1926-1991)

J'ai entendu plusieurs fois Miles Davis, cet «intellectuel» de la trompette qui arrachait à l'instrument les sons les plus inusités, d'abord sourds et caverneux, soudain aigus et stridents, et que j'ai déjà décrits comme «le cri d'angoisse d'un peuple injustement opprimé».

En concert, Miles Davis était imprévisible. Il jouait replié sur lui-même, dos au public, descendait dans la salle, se rendait jusqu'à la sortie où l'un de ses hommes lui tendait une cigarette ou un verre, remontait sur scène et ne se décidait pas à jouer, puis jouait, puis redescendait, etc.

Un après-midi d'été, à la Comédie-Canadienne, il sort par la porte arrière donnant sur Saint-Urbain... pour ne plus revenir!

Un soir de 1968, dans une boîte du Vieux-Montréal, je prends mon courage à deux mains et l'approche, avec mon magnétophone, quelques minutes avant qu'il monte en scène. C'était une erreur – et double: le mauvais moment et le magnétophone!

En anglais, *of course*, m'étouffant presque, à force de prudence et de gentillesse, je lui pose une question, puis une autre, puis une autre encore. Chaque fois, l'indifférence la plus noire. M. Davis ne voit rien, n'entend rien, et continue à jouer avec sa trompette comme avec un jouet.

Au bout d'une éternité, et tout en regardant ailleurs, mon interlocuteur (si j'ose dire) laisse tomber quelques mots. Cinq exactement: «*Sit down, man. Enjoy yourself.*» [«Assieds-toi, *man*. Amuse-toi.»]

Il n'avait même pas remarqué que j'étais déjà assis!

MARLENE
DIETRICH

(1901-1992)

Née officiellement le 27 décembre 1901, à Berlin, Marlene Dietrich avait donc 65 ans lorsqu'elle vint chanter à l'Expo 67, du 12 au 24 juin, presque quotidiennement, à l'Expo-Théâtre de la Cité du Havre. «Debout devant nous, droite et belle comme une statue brillant au soleil, avais-je écrit au lendemain de la première, Dietrich joue et chante comme une femme qui aurait 45 ans.»

Son tour de chant – un peu plus d'une heure, sans entracte – fut précédé, quelques jours plus tôt, d'une conférence de presse bilingue, très courue, avec consignes très strictes: carton d'invitation ou carte de presse, brève séance de photos, aucune caméra de télévision ou de cinéma.

La «légende vivante» fit son apparition au sommet du grand escalier du Ritz avec 70 minutes de retard, expliquant qu'à Los Angeles elle venait de se faire voler toutes ses malles, donc toutes ses robes de spectacle. Marlene Dietrich voyageait en effet avec beaucoup de bagages. Je me rappelle un jour, à Paris. L'entrée du chic hôtel Lancaster, rue de Berri, près des Champs-Élysées, était littéralement bloquée. «Ce sont les malles de Mme Dietrich!» d'expliquer un chasseur.

Aux médias montréalais, l'artiste évoque d'abord l'incident de Los Angeles. «Qu'on vole des gens riches, ça peut aller. Mais qu'on vole une pauvre fille qui travaille, non!»

Elle retrouva vite sa bonne humeur, mais faillit la perdre à quelques reprises. Ainsi, lorsqu'un journaliste lui lança : « Comment réussissez-vous à paraître encore si jeune ? » La réponse fusa comme l'éclair : « C'est tout simplement que je ne suis pas si vieille que ça ! »

Un autre va plus loin : « Pourquoi continuez-vous à chanter ? » Dietrich ne perd pas son calme : « Parce que j'aime ça et qu'il faut payer les impôts… »

La question suivante tombe à propos : « Quel défaut remarque-t-elle d'ordinaire chez les journalistes ? » Réponse : « La stupidité. Souvent, on me pose des questions bêtes. Alors, je m'en vais. »

À une question concernant son choix de chansons, elle explique : « Je m'intéresse surtout aux paroles plus qu'à la musique parce que je n'ai pas une grande voix. Je ne chante jamais de chansons dont les paroles ne veulent rien dire. »

Le répertoire : c'est le sujet que j'avais choisi pour mes échanges avec la chanteuse, plus précisément le programme qu'elle avait préparé, soit 22 chansons. Je note avec regret : une seule en français à Montréal. « C'est le tour de chant que j'ai monté pour le monde entier. »

En terminant, une journaliste lui demande ce qu'elle pense des hommes. « J'admire les hommes. J'aime leur cerveau, j'aime leur logique. Ils sont plus honnêtes que les femmes. Les femmes sont menteuses. »

PLÁCIDO
DOMINGO

(NÉ EN 1941)

Il était minuit à Bonn et 18 h à Montréal. Au bout de la ligne, Plácido Domingo grignotait quelque chose en me parlant. Je n'ai pas osé lui demander ce qu'il mangeait, mais j'ai quand même voulu savoir ce qu'il faisait à Bonn.

Le Forum l'annonçait pour le 22 juin – nous sommes en 1994 – et l'imprésario m'avait offert une interview avec lui. Il m'avait fourni un numéro de téléphone, sans plus de précision qu'un code régional inconnu. Renseignements pris, c'était en Allemagne, à Bonn.

Notre téléphoniste fait les arrangements… et j'attends. Mon pupitre est tout à côté. Elle attend elle aussi. Dans son anglais à elle, elle a parlé à quelqu'un de langue allemande qui devait la comprendre dans son anglais à lui !

Un peu après 18 h, ça y est. Mon téléphone sonne. C'est Plácido Domingo lui-même, très accueillant, mais ignorant tout d'une interview téléphonique avec Montréal prévue pour… minuit.

L'anicroche est vite oubliée. Ce n'est pas la première dans ce monde souvent incompétent des relationnistes !

Donc, voici enfin Domingo au bout du fil. Un peu gauchement, je lui avoue ma nervosité de parler à l'un des êtres les plus célèbres de la planète.

– Vous plaisantez ! lance-t-il en riant.

– Préférez-vous que nous parlions en anglais ou en français ? lui demandai-je.

– Comme vous voudrez... français... anglais...

Nous avons parlé pendant une demi-heure, en français. Domingo s'est même excusé – figurez-vous ! – de faire quelques fautes. Par exemple, traduire *loudspeaker* par « haute-parlante ».

Je ne lui ai donc pas demandé ce qu'il était en train de grignoter. Je ne lui ai pas demandé non plus pourquoi il faisait la réclame des montres Rolex. Mais j'ai risqué une question qu'il n'a pas semblé apprécier.

Le fameux spectacle des Trois Ténors était annoncé pour le 16 juillet à Los Angeles (nous sommes toujours en 1994). Domingo formait ce trio avec Luciano Pavarotti et José Carreras. Mais Carreras, le moins fort des trois, était malade à ce moment-là. « Serez-vous *encore* trois le 16 juillet ? » Silence de plomb. Ma pointe de sarcasme à l'endroit de son ami et compatriote avait visiblement blessé Domingo. *Sorry.*

Ce soir-là, à Bonn, Domingo venait de chanter un opéra à peu près inconnu, *Il Guarany*, du compositeur brésilien Antônio Carlos Gomes. Il m'en raconte même l'intrigue, brièvement, et m'annonce qu'il va l'enregistrer. Ce qui fut fait.

Domingo m'a donné son avis sur bien des sujets. Par exemple, les surtitres : « C'est une erreur de dire qu'ils encouragent la paresse du public. Le public n'a tout simplement pas le temps de lire le livret avant le spectacle. En fait, les surtitres nous aident aussi, nous, les chanteurs. Parce que lorsque ma partenaire et moi, nous nous donnons complètement à une scène, je veux, moi, que le spectateur comprenne bien ce que nous nous disons. »

Nous parlons d'un tas de choses. Et les vacances ? «Je n'en prends jamais. Parce que j'aime mon travail par-dessus tout et que, pour moi, ce n'est pas du travail. Bien, disons que je prends dix jours, trois fois par année... pour travailler mes rôles. En fait, je travaille tous les jours de l'année ! »

Domingo avait fait la couverture du cahier Arts et Spectacles de *La Presse* le samedi précédant le concert. On y voyait, couvrant presque toute la page, le chanteur sous les traits de Superman. Sur la poitrine : un D à la place du S. Et comme titre : « Plácido Domingo, surhomme de l'opéra ».

Ce n'était pas mon idée, mais elle avait plu, notamment au chanteur. Avant le concert, une employée de l'imprésario se précipite vers moi :

– Domingo en veut tout de suite 10 exemplaires !

– Je vais d'abord écouter le concert. Il les aura plus tard.

Ce concert de 1994 au Forum, Domingo le partageait avec une autre de ses «découvertes», l'attrayante soprano roumaine Angela Gheorghiu.

Après le concert, je passe au journal prendre les 10 exemplaires et vais les porter à l'hôtel InterContinental, à quelques rues de là, en les confiant au concierge. «Ils ne sont pas encore arrivés, mais je n'oublierai pas », promet-il.

Je n'ai jamais eu de nouvelles. Mais ce n'est pas grave.

JEAN
DRAPEAU

(1916-1999)

« Le bon maire Jean », comme on l'appelait, a eu son métro, il a eu son Expo et il a eu ses Olympiques. Mais il n'a pas eu son Opéra, auquel il tenait mordicus.

En 1964 et 1965, il me donna trois interviews substantielles sur le sujet. Le 8 novembre 1964, assis à une petite table, seul au milieu de l'immense scène de la « Grande Salle » de la Place des Arts (qui ne portait pas encore le nom de son cher ami Wilfrid Pelletier), il y alla même d'un *one-man show* : une conférence publique de sensibilisation à son projet.

Fidèle à lui-même, le maire voyait très grand : installée à la Place des Arts, rien de moins qu'une compagnie permanente de 400 à 500 personnes (chanteurs, chœur et orchestre, décorateurs, costumiers et metteurs en scène, menuisiers, machinistes, personnel administratif, et jusqu'à un médecin et des infirmières !), travaillant presque 12 mois par année à préparer de huit à neuf productions totalisant de 100 à 150 représentations. Le maire avait baptisé son rêve « Opéra de Montréal ».

– Et comment allez-vous financer cet « Opéra de Montréal » ?

– Avant d'aller plus loin, une précision : le nom « Opéra de Montréal » sera probablement remplacé par « Théâtre lyrique de Montréal ». Oui, parce que nous envisageons de présenter autant de l'opérette que de l'opéra. Quant à la question financière que vous venez de mentionner, eh bien, comme nous sommes de tradition européenne en

Amérique, je crois qu'il faudrait en arriver, du moins pour l'instant, à un compromis entre la formule européenne des théâtres subventionnés par l'État et la formule américaine du mécénat. C'est-à-dire 25 % provenant du fédéral, 25 % du provincial, 25 % du municipal et 25 % des dons privés.

Un conflit syndical paralysait la Place des Arts lors de notre premier entretien. Une fois le conflit réglé, je revois le maire.

– Votre projet initial tient toujours? De 400 à 500 personnes occupées et payées à longueur d'année, y compris les infirmières? De 100 à 150 représentations annuellement?

– Je réponds oui dans les deux cas. Rien n'est changé dans mon plan. Je vous ai dit il y a quelques mois : je n'en démords pas. Je vous le répète encore aujourd'hui.

Faut-il préciser que l'Opéra de Montréal imaginé par le maire n'a jamais vu le jour et que l'Opéra de Montréal que l'on connaît aujourd'hui fut créé sans lui, en 1980, par le ministère des Affaires culturelles du Québec.

Le maire Drapeau avait toujours aimé l'opéra, les chanteurs et, surtout, les chanteuses. Certains préciseront : les blondes. L'idée de constituer ici une compagnie de théâtre lyrique lui vint lorsqu'il assista à Paris, en 1962, à *L'Opéra d'Aran* de son ami Gilbert Bécaud. Il retourna voir la chose à Lyon, la fit monter à Montréal en 1965, m'invita chez lui pour m'en faire entendre l'enregistrement et en acheta une trentaine d'exemplaires qu'il distribua à droite et à gauche.

«Je veux que *L'Opéra d'Aran* serve en quelque sorte de leçon. En effet, je me demande pourquoi nos compositeurs se sentent toujours obligés d'écrire de la musique sans mélodie. Voici, enfin, une musique facile à entendre... et à retenir, car il y a là plusieurs beaux airs et duos. Moi-même, je l'ai tellement écoutée que je pourrais remplacer au pied levé n'importe quel interprète, y compris pour les rôles de femme!»

FRANÇOIS-RENÉ
DUCHÂBLE

(NÉ EN 1952)

Vous souvenez-vous? C'est le pianiste qui, en 2003, mit fin à sa carrière en jetant son piano dans un lac du haut d'un hélicoptère.

On l'a entendu à Montréal, en récital et comme soliste de Dutoit et l'OSM avec lesquels il se produisit jusqu'en Europe dans Beethoven, le compositeur qu'il semble préférer.

Je l'ai rencontré une fois, brièvement, en 1999. Un peu étrange, le bonhomme, mais intéressant, avec un sens redoutable de la répartie. Pour lui, Glenn Gould était «un pianiste non seulement inutile, mais nuisible», le «nuisible» qualifiant manifestement la référence absolue que Gould constitue en certains milieux pour l'interprétation de Bach. Il m'avait alors annoncé solennellement la date exacte de ses «adieux»: 31 juillet 2003. Donc, quatre années avant l'affaire du piano dans le lac. Il ne manquait que l'heure! On peut vérifier: c'est la date précise que l'on trouve sur le Web.

Pourquoi ces adieux? «Je n'aime pas les voyages, sauf comme touriste, je n'aime pas les répétitions, je n'aime pas l'atmosphère des salles, sauf comme auditeur, et je n'aime pas enregistrer. Je veux prendre du temps pour l'amour, l'amitié, la musique, la nature végétale et animale.»

Il venait d'enregistrer le Concerto pour violon de Beethoven dans la transcription pour piano qu'en fit le compositeur. Un peu dans le même esprit, Yehudi Menuhin, le célèbre violoniste, avait troqué l'archet pour la baguette.

« Ce n'est pas moi qui joue, mais un autre, insiste-t-il. Menuhin et moi avions des conceptions diamétralement opposées de cette transcription. Par respect pour lui, j'ai suivi sa conception, bien qu'étant en complet désaccord. »

Au moment de notre entretien paraissait chez Philips l'énorme collection *Great Pianists of the 20th Century*. Je note avec un clin d'œil qu'il n'y figure pas... « Un truc de marketing, observe-t-il. Ce n'est pas parce qu'on n'est pas là-dedans qu'on n'est pas un grand pianiste. (Pause) Et ce n'est pas parce qu'on y est qu'on est un grand pianiste ! »

CHARLES
DUTOIT

(NÉ EN 1936)

Suisse de 40 ans alors peu connu, Charles Dutoit figurait parmi les sept chefs appelés d'urgence à combler le calendrier 1976-1977 de l'OSM lorsque Rafael Frühbeck de Burgos abandonna le navire. Du même coup, l'OSM souhaitait trouver parmi eux son prochain titulaire.

Le premier concert de Dutoit, le 15 février 1977, avait été si impressionnant que j'avais titré le lendemain : « Dutoit : notre prochain chef ? » Je me rappelle parfaitement bien avoir mis le point d'interrogation par simple mesure de prudence, car j'étais sûr que c'était lui... Et ce fut lui !

J'ai d'ailleurs annoncé la nouvelle en primeur le 24 août. La version « officielle » suivit le 12 septembre. Dans la même foulée, je fus le premier à publier, cinq jours plus tard, le « programme » de l'élu. Une interview qui occupait toute la première page du cahier Arts et Spectacles.

Dutoit avait entendu l'OSM deux fois en concert : d'abord en Suisse, où l'orchestre effectuait une tournée, puis à Montréal, lors d'une visite privée. Et il prenait en considération les liens de l'orchestre avec des chefs comme Igor Markevitch et Zubin Mehta. « Mais c'est surtout mon travail ici en février dernier qui a été *la grande chose,* m'avait-il confié lors de ce premier entretien. J'ai eu un énorme plaisir à travailler avec l'orchestre. J'y ai trouvé des musiciens très coopératifs, très disciplinés, très professionnels, bref un orchestre d'une stature internationale. J'aimerais bien maintenir ce niveau.»

Dutoit abordait d'autres aspects importants de ses nouvelles fonctions. «Il me faut d'abord apprendre le fonctionnement de la "machine" de Montréal. Par ailleurs, je souhaite étendre et diversifier le répertoire de l'orchestre – car j'ai noté des "trous" dans la programmation des dernières années –, créer des rapprochements inhabituels, par exemple, Bach et Stravinsky au même concert, mettre en valeur la musique contemporaine sans oublier que le *box-office* doit aussi fonctionner... Bref, je reprends une immense affaire.»

Plus tard, une fois installé ici, Dutoit insistera sur l'importance des enregistrements et des tournées. Il réalisa beaucoup des uns et des autres, accompagnés de son fameux slogan : «Je vais mettre cet orchestre sur la carte du monde.» Et il fera campagne pour une nouvelle salle, ce qui ne vint cependant qu'après son départ.

Interviews substantielles, brèves conversations, anecdotes : j'en aurais pour un livre complet.

Un simple souvenir, parmi tant d'autres. Le soir du 28 février 1996, la télévision annonce de Los Angeles le palmarès des 38e Grammy Awards annuels. Le prix pour l'opéra va à l'enregistrement des *Troyens*, le monumental ouvrage de Berlioz, que Dutoit a réalisé avec l'OSM. Je lui téléphone pour obtenir sa réaction. Il n'en savait rien. Il était tellement sûr de ne pas gagner qu'il était allé au cinéma ce soir-là !

MISCHA
ELMAN

(1891-1967)

L'un des grands oubliés du violon. Tout petit et même plutôt laid, il compensait largement un certain manque de profondeur par une sorte de sonorité plaintive et assez unique – ce que Jean-Michel Molkhou appelle «une sonorité en or» dans son livre sur les violonistes célèbres.

En relisant ce que Mischa Elman disait en 1966, lors d'une rencontre de presse précédant un concert, on croit entendre quelqu'un décrire notre monde actuel. Visionnaire, papa Elman, il y a 50 ans! Écoutez: «Nous vivons à une époque où le niveau de la médiocrité a été élevé d'un degré. C'est un phénomène qui se manifeste dans tous les domaines, moins peut-être dans les sciences, mais certainement dans le domaine artistique et particulièrement en musique. De mon temps, on n'étudiait pas la musique dans le but de devenir célèbre et faire de l'argent. Cela ne venait même pas à l'esprit. Aujourd'hui, c'est la seule chose qui intéresse les jeunes. Nous vivons dans un monde complètement matérialiste.»

Silence autour de lui. Il en remet: «Le monde dans lequel nous vivons est un monde de laideur. Compositeurs et interprètes se sentent obligés de produire de la laideur, sous prétexte qu'ils doivent refléter leur époque. Les jeunes semblent avoir délaissé l'étude des instruments à cordes pour se tourner vers la percussion. Les auditoires ne savent plus distinguer entre ce qui est bon et ce qui est mauvais. Ils regardent la télévision et les animateurs des émissions leur imposent d'avance un jugement tout cuit sur les artistes qu'ils vont entendre. Tout le monde est "extraordinaire", "sensationnel", etc. »

On se regarde. Personne n'a envie de poser de questions. M. Elman n'a pas terminé. « Aujourd'hui, il y a beaucoup de gens qui sont populaires, mais il y en a bien peu qui sont célèbres. On est célèbre quand on est grand, mais on est rarement grand quand on est populaire. » Ouf!

Quelqu'un signale que Harold Schonberg, le principal critique du *New York Times*, vient d'écrire que M. Elman représente «une tradition à peu près disparue». Ce que l'intéressé a fort mal pris. «Je suis encore là. C'est donc la preuve que cette tradition n'est pas disparue! M. Schonberg est très incertain de ses opinions depuis quelque temps. Voilà pourquoi il écrit des choses comme celle-là. »

Je lui demande à combien est évalué son Stradivarius 1717.

– Une très grosse somme. (Hésitation) Je ne vous donne pas de chiffre précis parce que les choses qui ont vraiment de la valeur et auxquelles on tient n'ont pas de prix. Je suis fidèle à mon violon… et je suis fidèle à ma femme!

– Et votre violoniste préféré?

– Mischa Elman.

FERNANDEL

(1903-1971)

En 1965, six ans avant sa mort, l'inimitable fantaisiste marseillais nous revenait avec les mêmes chansons qu'en 1959, comme *La Caissière du Grand Café* et *Félicie aussi*, mais cette fois avec, dans ses bagages, son fils, Franck, annoncé comme «chanteur de charme». Salle comble à la Place des Arts : 3 000 spectateurs, dont les applaudissements indiquent sans l'ombre d'un doute pour lequel des deux ils sont là. Le fils reviendra néanmoins avec son père en 1968.

Comme toujours, rencontre de presse quelques jours avant chaque première. Le père non seulement prend toute la place, mais il est déjà en spectacle ! Quelques morceaux choisis...

«Je ne prends jamais l'avion. Je n'ai que cette gueule-là et je veux qu'elle me dure encore un certain temps... Nous sommes venus en bateau. Un bateau allemand : c'est tout ce qu'on a pu trouver ! Oui, j'ai prêté mon nom à une affiche publicitaire d'Air India. Qu'est-ce que ça peut foutre ? J'ai bien fait un commercial-télévision pour Dubonnet et, pendant que nous tournions, c'est un Pernod que je prenais. Moi et toute l'administration Dubonnet d'ailleurs ! Oui, j'ai tourné dans 137 films sans avoir reçu une seule leçon d'art dramatique ou de diction ! »

Il ouvre ici une parenthèse. «Un nouveau genre de cinéma a déformé le goût du public. Certains réalisateurs ont abîmé le cinéma. Un monsieur Godard, par exemple. Il fait un cinéma politique dégueulasse. Il a foutu le cinéma par terre. Godard est le saboteur du cinéma français. »

Le ton est tellement violent que j'ose ceci :

– Vous avez une dent contre lui!

– Pas une dent, monsieur : la bouche entière! Et dans mon cas, vous savez ce que ça veut dire!

J'en rajoute en prononçant le nom d'un certain Fransined, comédien lui aussi. «Ah! oui, mon frère! Il se sert de mon nom. Il écrit sur les affiches "Le frère de Fernandel" en lettres plus grosses que son nom à lui. Je lui ai dit : "Tu n'es pas drôle. Tu devrais faire un autre métier, mon vieux."»

Et l'origine du nom Fernandel? «Je m'appelle Fernand Contandin. Un jour, j'arrive chez ma fiancée. Ma future belle-mère, en me voyant et en me montrant sa fille, s'écrie : "C'est le Fernand d'elle." Voilà!»

ARTHUR
FIEDLER

(1894-1979)

Aéroport de Dorval, décembre 1967. En route vers Toronto pour interviewer Olivier Messiaen, je reconnais Arthur Fiedler, le fameux chef et fondateur des Boston Pops, attendant son tour pour monter dans l'avion. Je me présente et lui dis que j'aimerais l'interviewer. Il est en première classe, m'indique-t-il. Direction : Winnipeg. Une fois en vol, il viendra me rejoindre de l'autre côté du rideau.

Ce qu'il fait, à ma grande surprise. Il a quitté la lecture d'un livre de Karl Böhm sur la direction d'orchestre pour me consacrer la prochaine heure. « Les livres de chefs d'orchestre ou *sur* les chefs d'orchestre sont mes préférés. »

Arthur Fiedler confirme là son statut de chef très sérieux, bien que son nom soit presque exclusivement associé au genre léger. Il se dit heureux que j'aie aimé ses récents Haydn, Mozart et Handel avec l'organiste Carl Weinrich.

Il poursuit, en glissant ici et là quelques mots de français : « Malheureusement, ma maison de disques, RCA, hésite toujours à me confier de la grande musique. Les compagnies de disques sont des entreprises d'affaires qui prennent rarement des risques. Dès qu'un musicien se trouve – souvent malgré lui – catalogué dans un genre, il en a pour le reste de sa vie ! »

M. Fiedler n'écoute jamais ses disques ni ceux des autres, et ne regarde jamais la télévision. Mais il écoute beaucoup de musique à la radio et a installé des appareils partout dans la maison. «Parfois, j'écoute et me dis que c'est "bien bon" ou que c'est "bien mauvais". Et, dans un cas comme dans l'autre, je découvre souvent que c'est moi qui dirige!»

MAUREEN
FORRESTER

(1930-2010)

Écartons d'abord les mauvais côtés.

En 1981, salle Claude-Champagne, *Dear Maureen* crée une nouvelle pièce de R. Murray Schafer en la faisant précéder d'une présentation… en anglais seulement, dans cette ville où elle est pourtant née, dans l'est francophone, au 5334 de la rue Fabre.

Dear Maureen, encore, ne chante l'*Ô Canada* qu'en anglais lors des Conférences sur le Renouvellement du Canada à Vancouver en 1992. Quel renouvellement, en effet !

Dear Maureen, toujours. J'ai suivi sa carrière, j'ai voyagé avec elle (et l'OSM) en Europe, je l'ai reçue chez moi, bref je l'ai côtoyée suffisamment pour observer dans sa personne – oui, j'ose le dire – un brin de vulgarité et de duplicité. Je l'entends encore vociférer « *Where's the f… door ?* » en cherchant la porte arrière de l'église Saint-Patrice de Magog où elle allait chanter dans la *Messe en si mineur* de Bach le samedi après-midi 24 août 1974.

Sorry, mais mieux valait ne pas la connaître.

Oublions aussi – mais là, *Poor Maureen* n'est pas responsable – une fin de vie des plus pénibles. En 1994, elle parade en Marquise de Berkenfeld dans *La Fille du régiment* de Donizetti à l'Opéra de Montréal mais éprouve déjà des problèmes de mémoire. Elle a dans les mains un prétendu carnet de voyage qui, en fait, contient les paroles qu'elle chante, cependant qu'un soi-disant aide de camp la suit comme une ombre pour lui souffler à l'oreille qu'il faut aller par là ou par ici. À la première, *Poor Maureen* est huée.

Et le bouquet : le 1er septembre 2001 (10 jours avant l'effondrement des tours de New York !), le *National Post* révèle à la une, sous le titre « *Dementia, alcohol put Canadian diva in nursing home* », que la chanteuse est confinée dans un foyer de Toronto pour personnes âgées.

Oui, oublions, car Maureen Forrester fut non seulement, à notre époque, la plus grande voix féminine du Canada, mais encore, et surtout, une interprète pleinement convaincante, découverte et prise en mains par le légendaire Bruno Walter.

Mes interviews avec elle provenaient le plus souvent de conversations que nous avions eues à Montréal, ou encore à l'aéroport de Dorval, le soir de notre départ pour l'Europe avec l'OSM, puis dans l'avion Genève-Paris, au snack-bar du Plaza Athénée à Paris, sur le quai d'une gare (j'oublie laquelle), chez un coiffeur à Besançon (où je l'avais accompagnée), dans le train Besançon-Strasbourg...

Toujours charmante et riante, elle m'avait révélé, en 1966, que sa grande voix de contralto avait gagné une note haute avec chaque grossesse et qu'elle pouvait désormais chanter soprano. « J'ai maintenant cinq enfants... et cinq nouvelles notes à mon aigu. C'est un phénomène physiologique qui s'explique mal, mais c'est comme ça ! »

Spécialiste du lied et de l'oratorio, elle avait prudemment ajouté quelques opéras à son répertoire, pour conclure finalement : « Je suis vraiment à mon mieux au concert et au récital. J'aime bien l'opéra parce que, pour moi, c'est comme jouer à la maman : les maquillages, les costumes, tout ça, c'est amusant. Mais à l'opéra, vous êtes une même personne pendant trois heures, alors qu'au récital je suis une personne différente toutes les trois minutes. »

VIRGIL
FOX

(1912-1980)

«Si je lis que j'ai changé de pantalon devant vous, je vais vous mettre la tête dans un étau!»

L'avertissement est clair. Virgil Fox endossait son «uniforme de travail» et s'apprêtait à apprivoiser le gigantesque Beckerath mécanique de l'Oratoire Saint-Joseph et à tester l'acoustique capricieuse du vaste lieu pour son Rodgers Touring Organ, instrument électronique ambulant dessiné par lui et doté de 60 jeux et de plusieurs caisses de haut-parleurs.

Jouant – et fier de le proclamer – «pour le public d'Elton John», le *showman* de 62 ans, adulé par les foules et boudé par les connaisseurs, avait attiré plus de 4 000 personnes à l'Oratoire ce dimanche soir 1er décembre 1974.

Il partageait son programme entre les deux orgues. Il avait d'abord joué un Bach en veston argent avec Alexander Brott et l'Orchestre de chambre McGill, à son Rodgers, sur une scène aménagée à l'arrière de la nef et donc au bas du jubé; ensuite, un autre Bach, puis un Vierne, tout en haut, seul, en discret veston noir, au Beckerath; pour finir, de nouveau en bas et de nouveau en veston argent, le Concerto de Poulenc à son Rodgers, avec des registrations forcément différentes de celles de la partition.

J'avais interviewé l'organiste le vendredi soir précédant le concert, d'où ma référence au pantalon. Il était près de minuit. Fox travaillait la nuit et dormait le jour. Arborant une grande cape noire, tel un personnage de film, Fox fit son apparition avec sa suite, trois personnes. Ils venaient de manger dans le Vieux-Montréal.

– J'ai tenté de vous joindre à votre hôtel toute la journée, lui dis-je.

– Hélas ! il est impossible d'être à deux endroits en même temps !

Je lui demande comment il procède, sur son Rodgers, là où Poulenc demande un cor de nuit. Impossible de résister au plaisir de citer l'organiste pontifiant : «Quand Poulenc écrit "cor de nuit" – imaginez-le prononçant *cohr day noui* –, c'est que son cher ami Maurice Duruflé lui en a fait la suggestion.»

Tous les organistes le savent : c'est Duruflé qui a registré le Poulenc. M. Fox poursuit : «Duruflé était un magnifique interprète... Pardon, un magnifique compositeur. Absolument magnifique. Où est ma valise ? Apportez ma valise ! Dans le Poulenc, j'utilise mes propres registrations. Je contribue ainsi à l'image sonore.»

Il avait lui-même ouvert les opérations. «Partez votre magnétophone. Je veux faire certaines déclarations. Ça fonctionne pour vrai ? Bon ! J'aime Montréal parce que je sens ici quelque chose de créateur dans l'air. Je veux que le public aime Bach autant que le rock. Je respecte ce qui est historiquement correct mais, pour moi, la chose la plus importante de toutes, c'est de toucher le cœur de l'humanité. Cela doit être expressif.»

Il répète plus fort : «Cela doit être expressif ! Vous autres (*"you boys"*), vous vous préoccupez tellement de la *lettre* de la loi. Moi, je me préoccupe du *message* de la loi.» Puis, s'adressant à son entourage :

– Vous allez voir, il va me citer de travers !

– Impossible, c'est sur magnétophone. Dites-moi, vous ne faites pas beaucoup de disques...

– Je vais vous dire une chose. Power Biggs fait des disques. Je donne des concerts. Biggs donne cinq ou six concerts par année. J'en donne de 80 à 90.

Le rapprochement a quelque chose de révélateur, comme si Virgil Fox se rendait compte qu'il représente peu pour les hautes instances de l'orgue, où le nom d'E. Power Biggs est très respecté.

Je lui montre une interview du *New York Times* qui le cite ainsi : « Que Bach ait pu ne pas aimer ce que je fais, cela m'importe peu. »

– Le journaliste a isolé cette phrase du contexte.

– Le reste de l'article est-il exact ?

– Je ne l'ai pas lu. Cet homme a donné sa propre interprétation des choses que j'avais dites.

– Mais comment le savez-vous puisque vous dites ne pas avoir lu l'article ?

– Je n'ai pas le temps de m'arrêter pour lire ça. Et j'aimerais vous parler plus longtemps, mais je dois maîtriser celui-ci (il montre le Rodgers) et je dois maîtriser celui-là (il pointe le doigt vers le Beckerath).

J'ai demandé plusieurs fois à M. Fox ce qu'il pensait du Beckerath. Il s'était contenté de parler d'un « orgue baroque », en insistant sur le mot « baroque » d'un ton condescendant, comme s'il s'agissait de quelque monstre hybride.

Au beau milieu de l'interview, il lance à l'un de ses assistants : « Il faut absolument que je travaille ! Prenez ce garçon par la main et emmenez-le hors de ce lieu ! » Puis, il continue de me parler pendant plusieurs minutes. Je reviens au Beckerath, mais en vain. « Claude, vous êtes un garçon très habile, mais vous ne me ferez pas répondre à cela.»

Nos deux principaux organistes locaux d'alors s'étaient inscrits en faux contre la présence de Virgil Fox. Les Pères de l'Oratoire avaient demandé à Raymond Daveluy, l'organiste titulaire, de lui faire «bon accueil». Sa réaction : «Je ne suis pas le concierge de l'orgue. Qu'ils s'arrangent!» Et Bernard Lagacé d'ajouter : «Était-il vraiment nécessaire de faire une interview avec... Virgil... Fox?»

RAFAEL FRÜHBECK DE BURGOS

(1933-2014)

Le nom est synonyme du plus court mandat de chef dans toute l'histoire de l'OSM : un peu plus d'un an. Rafael Frühbeck de Burgos, né en Espagne de parents allemands, mit fin à son contrat initial de trois ans en provoquant une petite crise au sein de l'orchestre.

Octobre 1976. Voyant que le poste qu'il convoitait au Philadelphia Orchestra passait à quelqu'un d'autre (Riccardo Muti, pour ne pas le nommer), Frühbeck perd soudain tout intérêt pour Montréal, « antichambre » des titulariats d'orchestres américains, et cherche un moyen de s'en sortir.

C'était un jeudi, lors d'un cocktail de presse, après un concert donné le mardi et repris le mercredi. Quelques banals échanges se transforment bientôt en interview. Frühbeck se met à me parler de l'orchestre comme il ne l'a jamais fait et glisse quelques commentaires peu flatteurs sur certains de ses musiciens. Un exemple :

– Et le tuba, lui demandai-je. A-t-il joué aussi mal hier soir que la veille ?

– Ne me parlez pas de tuba !

– Le plus petit musicien de l'orchestre, qui joue du plus gros instrument...

– Justement ! Moi, j'ai toujours pensé que le joueur de tuba doit posséder le physique de l'emploi !

Je sens que Frühbeck, lui habituellement si peu loquace, me tend un piège. Tant pis : il m'a dit des choses valables et je rédige l'interview, pour parution dans ma chronique du mardi suivant. La veille, lundi à 23 h 30, coup de téléphone de Pierre Béique, le grand patron de l'OSM. « Frühbeck est très inquiet. Il m'a dit que votre conversation était privée et espère que tu n'écriras rien là-dessus. Cela pourrait avoir de graves conséquences... »

Je rassure mon ami Béique tout en devinant là une nouvelle astuce de Frühbeck. De toute façon, il est trop tard : l'article est déjà sous presse... et fait la une du journal, en l'absence de Frühbeck, déjà reparti pour enregistrer *Paulus* de Mendelssohn à Düsseldorf. À son retour, le mois suivant, des représentants des musiciens viennent à son hôtel – le Ritz, comme pour tout le monde, ou presque – lui demander des comptes. On ignore ce qui s'est dit. Mais on sait que Frühbeck reprit l'avion le soir même.

Début décembre, de Madrid, il envoya sa démission. On en parla jusque dans le *New York Times,* qui situa notre petit dialogue « *over drinks* ». Je précise que je buvais un jus de tomate.

Le nom de Rafael Frühbeck de Burgos demeura tabou à l'OSM pendant un quart de siècle, période correspondant au mandat de son successeur, Charles Dutoit. Frühbeck revint, comme chef invité, dès 2002.

C'était aussi comme chef invité, en 1967, qu'il avait dirigé l'OSM pour la toute première fois. Je l'avais alors interviewé. *Le Sacre du printemps* de Stravinsky, pièce maîtresse de ce programme de débuts ici, restait pour lui « la plus grande œuvre du 20e siècle ».

Ses préférences chez les compositeurs de la nouvelle génération ? « Le plus... comment dirais-je... le plus intéressant – je ne dis pas "le plus important", je ne dis pas "le plus grand", mais le plus intéressant –, c'est Boulez. Oui, parce que les autres... Qu'elle soit sérielle, atonale, postatonale, concrète, électronique, partout, aujourd'hui, la musique dite "nouvelle" se ressemble. Les compositeurs d'aujourd'hui semblent avoir oublié ce que c'est que la musique *nationale*. »

Ses réserves sur la qualité de l'OSM, Frühbeck me les avait exprimées dès le printemps 1976 en dévoilant la programmation de la saison 76-77. Ma question : « Êtes-vous parfaitement satisfait de l'orchestre actuellement ? » Sa réponse : « Personne n'est jamais *parfaitement satisfait* de son orchestre. Karajan n'est pas *parfaitement satisfait* du Philharmonique de Berlin. La perfection absolue, c'est une chose qui s'est terminée avec la mort de Mozart. »

Quel souvenir Frühbeck nous a-t-il laissé ? Côté musical : beaucoup de musique espagnole... et de solistes espagnols. Pour le reste : pas grand-chose. Les musiciens qui l'ont côtoyé parlent encore aujourd'hui d'une épaisse odeur de parfum qu'il répandait partout sur son chemin.

ANDRÉ
GAGNON

(NÉ EN 1936)

Mon voisin immédiat au carré Saint-Louis (oui, je sais que l'on doit dire « square » mais tout le monde dit « carré »). Un voisin que je ne vois à peu près jamais, bien que je l'aie interviewé maintes fois. Mais avant les interviews, il y eut cet échange le concernant...

Début des années 80, les premières du « règne Dutoit ». Le nouveau chef de l'OSM continue de se familiariser avec son nouvel habitat et me consulte parfois. Il me demande un jour (je cite en substance et non textuellement : c'est loin, 30 ans !) : « André Gagnon, c'est qui ? Devrais-je penser à lui pour un concerto de Mozart ? On me dit qu'il en a déjà joué, et fort bien. »

Ma réponse est à peu près celle-ci : « Oui, c'était plus que bien. Et puis, c'est un gros nom. »

Voici donc André Gagnon engagé pour jouer Mozart avec l'OSM. Je le croise dans la rue. Il me parle de l'invitation de Dutoit et me dit qu'ils se sont entendus sur le Concerto K. 466, celui qui contient la très belle *Romance* centrale.

Je me permets de lui recommander plutôt le K. 482, qu'il ne semble pas connaître. De tous les concertos de Mozart, lui dis-je, c'est le plus grand, le plus original et, en même temps, le plus long et l'un des moins joués. Les choses en restent là. Il jouera bien ce qu'il voudra ! Quelque temps après, il m'annonce qu'il a choisi... le K. 482. Le concert sera donné trois fois : les 3, 4 et 8 mai 1983.

Je pars l'interviewer pour cet événement qu'est son entrée à l'OSM. La rencontre a lieu dans l'ancienne maison d'Émile Nelligan, qu'il occupait avenue Laval. (Il a emménagé plus tard en plein carré.) Il me confie : « André Gagnon qui joue du André Gagnon, ça va bien, parce qu'André Gagnon a tendance à bien s'entendre avec André Gagnon. Mais jouer un concerto de Mozart, cela me demande beaucoup de courage. Ce serait bien plus facile de continuer à faire ce que je fais. Je n'ai vraiment pas besoin de me mettre, comme ça, dans la gueule du loup, dans un danger pareil ! Jouer du Mozart, c'est difficile pour n'importe quel musicien. Ce l'est encore plus pour celui qui n'en a pas fait depuis 16 ans. Et puis, on va me mettre en comparaison avec beaucoup d'autres pianistes qui jouent le même concerto. »

Mozart, c'est aussi « le premier compositeur que j'ai appris à connaître et à aimer, celui qui a bercé toute mon enfance », rappelle avec émotion cet ancien élève du Conservatoire.

Au lendemain du premier concert, j'avais titré : « André Gagnon : plus qu'honorable ». Quelques passages de ma critique : « Je m'attendais à beaucoup moins bien. Musicalité, sensibilité, simplicité d'approche, sérieux, humilité devant Mozart, qu'une carrière pop aurait pu faire oublier. » J'ai aussi mentionné quelques petites erreurs, car il y en eut.

Rien de grave puisque Dutoit le ramène l'année suivante, le 5 juin 1984, cette fois aux « Mozart Plus » de la basilique Notre-Dame, dans le K. 456. Catastrophe. Gagnon joue trop vite et fait des fausses notes ; il a même un trou de mémoire et s'arrête au beau milieu du premier mouvement.

Retour aux interviews : 1985, une commande des Tudor Singers, ensemble local pourtant peu porté sur la production francophone d'ici. Pour sa première œuvre chorale, Gagnon a choisi deux poèmes du Québécois Albert Lozeau, un contemporain de Nelligan. Ce fut un échec.

Il nous avait pourtant bien préparés : « C'est écrit très simplement. On entend toujours le texte très clairement. C'est chanté comme ça pourrait être dit. » Ce ne fut, hélas, pas le cas. Ma critique : « On ne comprend pas un mot. Je n'ai rien compris, ma voisine non plus. [...] Gagnon place le texte trop haut dans la tessiture vocale. Il ne sait pas écrire pour chœur. » J'ajoute aujourd'hui : il n'est pas le seul. Britten aussi, dans ses *Illuminations*, place le texte trop au sommet de la voix.

Cinq ans plus tard, en 1990, une double interview avec André Gagnon et Michel Tremblay précéda la création, à Québec, de leur opéra *Nelligan*. Le jour même de la première montréalaise, Gagnon me demande de ne pas y venir. « Le spectacle nous a coûté trop cher pour qu'on se permette d'avoir une mauvaise critique. » J'y suis allé quand même – comme on pense bien ! – et n'ai pas détesté. Ces détails (si j'ose dire) figurent dans *Notes.*, paru en 2014.

Ma dernière interview avec Gagnon date de 1996. J'avais pensé à lui pour un sujet qui m'a toujours fasciné : la « recette » d'une mélodie. Comment expliquer qu'une *toune* (pour employer le mot courant) colle à l'oreille et que des gens ne connaissant rien à la musique la retiennent et la fredonnent, alors que des centaines de mélodies ne laissent aucune impression durable ? « Ça ne s'explique pas, répondit-il. Ce n'est pas une question de valeurs de notes, ou d'intervalles, ou même de mode (majeur ou mineur). C'est une question de souffle. Il y a 12 sons dans la gamme. On se débrouille avec ça. Il n'y a pas de recette... Finalement, une grande mélodie, à mon sens, ce n'est pas travaillé. C'est spontané. »

Concernant le parcours d'André Gagnon, on connaît le refrain : « Si j'avais voulu devenir pianiste classique, je le serais devenu. Et si, comme compositeur, j'ai choisi le populaire, c'est que j'y trouvais une créativité plus grande que dans le classique. Mon choix n'a rien à voir avec des raisons de confort matériel. Je fais la musique que j'ai envie de faire et c'est tout. J'écris la musique qui vient du plus pro-fond de moi. Et si le public a décidé qu'il aimait ça, tant mieux, et pour lui, et pour moi. »

KENNETH
GILBERT

(NÉ EN 1931)

Le claveciniste, organiste, musicologue et pédagogue montréalais m'a donné l'interview la plus longue de toute ma carrière. Moins en raison de ses voyages et engagements que parce qu'il avait énormément à dire sur l'univers assez méconnu du clavecin et de la musique ancienne en général, l'interview-fleuve se déroula sur une période de deux ans, au début des années 70. Je dis bien deux ans, si ce n'est davantage.

Nous avons d'abord eu deux très longues conversations, enregistrées sur magnétophone lors de visites qu'il fit à Montréal, sa ville natale. Le « manuscrit » (si j'ose dire) fut complété au téléphone, de France, où il habita longtemps. Son nom y avait même pris une nouvelle consonance : « Kénette Gilberre ». Là encore, un entretien extrêmement long... dont les frais ne furent *pas* assumés par celui qui vous parle.

Le texte complété était, il va sans dire, d'une longueur démesurée. Il reposa « en attente » aux presses du journal jusqu'à ce que l'on trouve l'espace pour le publier. Une semaine passait, puis une autre... La somme parut finalement le samedi 25 octobre 1975 et courait sur trois pages, parmi les colonnes de publicité.

Quelques extraits révélateurs : « Les clavecins anciens, comme les violons anciens, sonnent mieux aujourd'hui qu'ils ne sonnaient à l'époque parce que le vieillissement du bois confère à l'instrument une sorte de résonance accrue. Le bois sèche en profondeur et devient un peu comme un tambour : c'est plus sonore. »

« Selon le diapason de l'époque, qui était moins haut que le nôtre, des œuvres comme la *Messe en si mineur* de Bach, le *Messie* de Handel, le *Requiem* de Mozart et même la *Missa solemnis* et la 9ᵉ Symphonie de Beethoven sonnaient un demi-ton plus bas qu'aujourd'hui. Voilà pourquoi elles sont presque impossibles à chanter pour les chorales. Tout ça, aujourd'hui, sonne "forcé", "criard". À l'époque, la *Messe en si mineur* ne sonnait pas du tout comme aujourd'hui. Bien sûr, les gens chantaient cela en si mineur, mais cela sonnait en si *bémol* mineur, c'est-à-dire un demi-ton plus bas. »

« Pourquoi les croisements de mains se font-ils plus rares dans les dernières sonates de Scarlatti ? Scarlatti a écrit une partie de ces sonates pour Maria Barbara de Bragance, reine d'Espagne. Or, celle-ci était devenue très corpulente à la fin de sa vie. Scarlatti n'a pas voulu lui compliquer l'existence. »

EMIL
GILELS

(1916-1985)

«Je peux parler du temps qu'il fait, mais pas de questions poli-
tiques. » Emil Gilels – ou Guilels, ou même Guillels, selon la translit-
tération que l'on choisit – prévient les journalistes venus le rencontrer au Ritz-Carlton entre un concert avec l'OSM et un récital, en
janvier 1969.

Le pianiste soviétique, l'un des plus célèbres de notre époque,
est accompagné d'un interprète. On nous avait dit qu'il parlait français et anglais mais, une fois sur les lieux, c'est un interprète qui lui
traduit nos questions en russe et qui traduit ensuite ses réponses, en
français ou en anglais.

Gilels dit parfois quelques mots dans ces deux langues, histoire
d'aller plus vite, et même quelques mots d'allemand, mais il est clair
que, dans son cas comme dans celui d'autres visiteurs soviétiques,
une sorte de contrôle sera exercée par l'entremise de l'interprète
devenu témoin de l'échange.

De cette rencontre, je me rappelle surtout lui avoir montré un
disque du premier Concerto de Tchaïkovsky dont je voulais
connaître l'origine. Devant le nom du chef d'orchestre, il s'étonne :
«Je n'ai jamais joué avec ce chef! Où puis-je me procurer ce disque? »
Je coupe court en le lui offrant, tout simplement.

Nous avons peu appris sur Gilels ce matin-là. Exemple de question-
réponse, toujours par la bouche de l'interprète :

– S'écrit-il actuellement en URSS de la musique intéressante pour le piano ?

– Certainement. Il y a beaucoup de jeunes noms.

– Est-ce que vous en jouez ?

– *Il n'en joue pas.*

– Pourquoi n'en joue-t-il pas ?

– *Il a d'autres plans et projets.*

– Et quels sont ces plans et projets ?

– Je pense qu'il vient un temps où il faut revoir tout ce qui est passé, découvrir plus profondément les secrets de la musique, repenser le répertoire. Parce que c'est une chose que de connaître le répertoire en détail et une autre que de l'exprimer et le sentir profondément. Il faut apporter quelque chose de nouveau : c'est le secret de la maturité.

Comme illustration de ce que Gilels vient de dire, j'évoque ses trois intégrales des cinq Concertos de Beethoven, réalisées en dix ans avec des chefs et des orchestres différents.

– Une préférence pour l'une des trois ?

– Ce n'est pas à moi de décider. Il y a de bonnes choses dans les trois.

Gilels joua maintes fois ici et enregistra même un récital pour la télévision. Ses débuts : un récital le 13 février 1958 au théâtre St-Denis. Sa dernière visite : le 3ᵉ Concerto de Beethoven avec l'OSM dirigé par Günther Herbig les 12 et 13 avril 1983, salle Wilfrid-Pelletier. Il devait revenir avec sa fille Elena pour le Concerto à deux pianos de Mozart, mais la maladie l'en empêcha.

DIZZY
GILLESPIE

(1917-1993)

Le *Larousse de la musique*, édition de 1982, lui consacre une demi-page, alors que Ginastera et Giordano, tout à côté, en reçoivent moins d'un quart. On se dit qu'il doit être important. Chose certaine, Dizzy Gillespie, l'un des créateurs du *be-bop* aux «rythmes ultrasyncopés» (pour citer le spécialiste André Hodeir), est aussi l'un des personnages les plus excentriques que j'aie interviewés.

Le fameux trompettiste de jazz me reçoit en robe de chambre noire et pyjama rouge feu. Il sort à peine du lit. La nuit dernière, à 1 h 30 – en fait le matin même de l'interview! –, il entamait son troisième et dernier spectacle de la soirée à l'Esquire Show Bar.

Gillespie a fait décorer comme un harem la vaste suite dotée d'arcades qu'il occupe au Royal Embassy: des sofas et des coussins partout, des tapis si épais que l'on y cale en marchant. Il jette un coup d'œil par la fenêtre et montre la croix illuminée du mont Royal. «J'ai joué là-haut une fois. C'était marrant!» Pendant que la télévision fonctionne à plein régime, il prend le téléphone et demande que l'on vienne lui installer un tourne-disque. Tout en me parlant, il polit sa trompette. «Il va m'en falloir une autre bientôt. Ça finit par se fatiguer, ces machins-là. J'en avais quatre ou cinq comme ça. On me les a toutes prises.»

Le photographe arrive et Gillespie lui montre son propre appareil photo. J'aperçois sur sa table de chevet le dernier Truman Capote, *In Cold Blood* (nous sommes en 1966), et Gillespie se met à me raconter les meurtres sanglants qui y sont décrits.

– Ça ne vous fait pas frémir de lire toutes ces horreurs ?

– Mon cher, il n'y a rien qui puisse nous faire frémir, nous, Américains, quand on sait ce qui a été fait dans notre propre pays à des êtres humains... aux Indiens d'abord, puis aux gens de ma race.

Gillespie bourre sa pipe.

– Tenez, parlons de ma femme, voulez-vous ? Ma femme est l'une des plus grandes catholiques que le monde ait portées. Dans notre maison, au New Jersey, elle a installé une chapelle complète... une chapelle dans laquelle on pourra dire la messe, dès qu'elle sera consacrée. C'est très calme là-dedans. J'y vais parfois pour prier, même si je ne suis pas catholique.

Je change à mon tour de sujet.

– Croyez-vous à l'inspiration ?

– Certainement que je crois à l'inspiration ! Mais l'inspiration, elle me vient de mes musiciens. S'ils ne m'aident pas, je peux jouer comme un cochon.

– Et la salle ?

– La salle ? Pas une miette ! Je n'ai pas besoin de l'auditoire. Si, j'en ai besoin, mais pour des raisons économiques seulement. Je pourrais jouer dans une salle de bain ! Le principal, c'est que j'aie mes musiciens autour de moi.

Gillespie parle des mélanges qui allaient donner naissance au *crossover*. Un nom est mentionné : Friedrich Gulda, spécialiste de Beethoven très actif dans le monde du jazz. « Il voulait entrer dans mon groupe. Malheureusement, je venais d'engager un nouveau pianiste lorsqu'il est venu me voir... Vous savez, il est beaucoup plus facile pour un musicien de jazz de faire du classique que pour un interprète de musique classique de se lancer dans le jazz. Oui, parce que le jazz demande beaucoup à l'esprit, à l'imagination. En jazz, vous devez composer tout le temps. En musique classique, vous n'avez qu'à suivre le métronome : tic-tac, tic-tac... C'est facile, au fond ! Le jazz est une chose, la musique classique en est une autre. C'est comme l'Est et l'Ouest : les deux ne se rencontreront jamais. »

Ce qui m'amène à ses compositeurs préférés. Préparez-vous : cela risque d'être drôle ! Notre homme en compte trois : Ravel, Stravinsky et Bartók.

– Ravel surtout. J'ai été très étonné en entendant quelque chose de lui pour la main gauche, étonné d'apprendre que ce bonhomme-là, dès le 19ᵉ siècle, avait pensé à des choses que nous, beaucoup plus tard, pensions avoir découvertes.

– Si vous permettez, Ravel appartient plutôt au 20ᵉ siècle.

– Mais non. Ravel, il composait vers 1880-1890, non ? De toute façon, 19ᵉ ou 20ᵉ siècle, Ravel a été un précurseur et nous devons l'en remercier.

– Passons à Bach : Bach et le jazz, que certains rapprochent facilement...

– Je ne connais pas Bach. Je sais qui il est, mais je ne connais pas du tout sa musique. (Pause) Vous n'allez pas publier tout ça ? Vous allez m'envoyer l'article. Oh ! mais c'est en français ! Faites faire une traduction et envoyez-la-moi. Voici mon adresse. Et n'oubliez pas le *zip code*.

– Nous sommes à la veille d'avoir ça aussi au Canada...

– Sans doute. Au Canada, vous imitez tout ce qui vient des États-Unis.

– Trop aimable. Et naturellement, il n'y a pas de jazz au Canada...

– Rien d'authentique en tout cas !

CARLO MARIA
GIULINI

(1914-2005)

Grand, élégant, le profil d'un prince de la Renaissance, Giulini était l'«aristocrate» des chefs d'orchestre. Il vint ici d'abord comme chef invité de l'Orchestre Philharmonique d'Israël en tournée nord-américaine, au Forum, le mardi 8 novembre 1960.

À cet égard, un petit incident m'avait frappé, moi, jeune journaliste un peu naïf. Lors d'une rencontre de presse au consulat d'Israël, la soliste de la tournée, la pianiste Pnina Salzman, vint me chuchoter à l'oreille, à propos de Giulini : «Je vous ferai remarquer qu'ils ont pris un chrétien...»

Le «chrétien» revint ensuite trois fois, toujours à l'OSM. La première fois, en 1967, il m'accorda une longue interview. Je l'interroge d'abord sur ses préférences en musique. «J'aime les compositeurs où les sentiments humains sont très forts, les compositeurs où l'on sent un rapport entre la musique et la vie, entre leurs œuvres et leurs joies, leurs tragédies, leurs émotions : Beethoven, Mozart, et même Stravinsky et Verdi.»

Et la musique contemporaine? «Je n'aime pas la musique abstraite – l'électronique, par exemple –, qui ne parle ni à l'esprit ni au cœur. C'est une *sensation*, comme un parfum, comme un vin. Ce n'est pas de la musique. C'est un moyen. Alors, que l'on s'en serve pour faire quelque chose. Aujourd'hui, on a tendance à considérer comme une œuvre finie ce qui était autrefois un moyen. On a ça en peinture, en sculpture, et aussi en musique. On revient vers un monde primitif, et moi, je trouve ça très inquiétant. »

Giulini continue sur cette lancée : « Le malaise actuel vient du fait que l'on fait abstraction de la mélodie, de l'émotion. Les compositeurs contemporains disent : "Fini, la mélodie. Plus d'émotion. Seulement de la sensation." Au lieu de faire chanter un violon, on le frappe avec l'archet. On revient aux choses primitives. »

PHILIP
GLASS

(NÉ EN 1937)

Si je parle ici de Philip Glass, ce n'est pas que je trouve sa musique importante, bien au contraire. Je parle de lui d'un point de vue... disons... *historique*.

Alors quasi inconnu, il vint ici pour la première fois en 1974 avec son petit groupe de musiciens pour deux concerts : le premier à Québec, le dimanche 17 novembre, le second à Montréal, le mardi 19, au Musée d'art contemporain, alors installé à la Cité du Havre.

Avec cette visite, notre public reçut son baptême de la musique minimaliste, dite aussi musique répétitive, *New Music* pour les inconditionnels du genre, *Non Music* pour ses détracteurs, ou, selon ma propre description, « musique immobile ». Ta-ke-ta-ke-ta-ke-ta... ou quelque chose comme cela.

Glass était présenté par la petite galerie d'avant-garde Véhicule-Art et c'est dans ses humbles locaux – un vieil immeuble aujourd'hui démoli, face à l'actuel TNM – qu'au mois d'août je rencontrai Glass, venu de New York prendre connaissance de l'« environnement sonore » du MAC. Pour me préparer à la rencontre, l'organisateur m'avait prêté deux disques de sa musique, que j'écoutai plus d'une fois et avec toute la patience dont j'étais capable.

Le « maître » m'accueille et, apercevant les deux disques que je rapporte (comme un poids dont je me libère), me jette un regard interrogatif. Je lui dis que j'ai trouvé l'expérience exaspérante, évoquant du même coup le légendaire côté répétitif du *Boléro* de Ravel et ajoutant qu'il l'a certainement voulu ainsi. Il est ravi. « Voilà ! s'exclame-t-il. Je ne m'attends pas à ce qu'on aime ma musique, parce qu'au fond je n'écris pas pour le public, mais je veux qu'on la prenne au sérieux. Je veux surtout que, même si on ne l'aime pas, on ne la trouve pas ennuyeuse ! »

En terminant, Glass me confie : « Plus je m'engage dans ma propre musique, moins je puis en tolérer d'autre. Tout le reste : Verdi, les derniers Quatuors de Beethoven, même *Wozzeck*, je ne puis plus entendre cela. »

VLADIMIR
GOLSCHMANN

(1893-1972)

Un peu oublié aujourd'hui, ce «grand seigneur» de la direction d'orchestre, Français d'origine russe et américain d'adoption. Mais Vladimir Golschmann était assez connu il y a 50 ans pour que Pierre Béique l'appelle d'urgence pour ouvrir la saison 1960-1961 de l'OSM, Igor Markevitch s'étant déclaré malade.

En janvier 1963, l'Orchestre Symphonique de Québec invitait Golschmann pour les neuf Symphonies de Beethoven et j'allai l'interviewer au Château Frontenac où il était descendu. Je tombe en pleine tempête de neige. «Montréal, en comparaison, c'est la Riviera!» observe-t-il en riant.

– Dites-nous ce que vous pensez de l'OSQ.

– Ça, c'est ce qu'on appelle une bonne question! Cet orchestre fait des merveilles. Il est jeune, mais très professionnel.

– Maintenant, une question un peu indiscrète...

– Ce sont les meilleures, les questions indiscrètes!

– Quelle comparaison feriez-vous entre l'OSQ et l'OSM?

– L'OSM, que j'ai beaucoup dirigé dans les années où j'étais chef à St. Louis, est un orchestre un peu plus considérable et a plus d'expérience.

– Que représentent pour vous les neuf Symphonies de Beethoven?

– Vous dire que c'est un monument, c'est dire quelque chose de tellement banal que disons que je n'ai rien dit. Seulement, je crois que c'est quelque chose d'absolument bouleversant de pouvoir les entendre dans un espace de temps restreint. C'est se rendre compte de toute la variété, de toute la diversité qu'il y a dans le génie de Beethoven.

– Vous ne dirigez pas par cœur...

– J'ai la partition, un peu comme quelqu'un qui fait toujours la même route, mais qui la regarde quand même. Quand on parle de diriger par cœur, j'ai mon mot à dire, moi. Si on n'a pas la partition devant soi, on est censé, à mon humble avis, pouvoir prendre un crayon et réécrire la partition. Maintenant, ça, je demande à voir...

– Un mot, en terminant, sur votre célèbre collection de tableaux.

– Ah! mes tableaux!... Quatorze Picasso, trois Braque, un Rouault, un Modigliani, un Matisse... C'est la seule chose intelligente que j'ai faite. Chaque fois que je gagnais un sou, j'achetais de la peinture... C'est merveilleux, la peinture. Je lui dois tellement de joies!

SIR EUGENE
GOOSSENS

(1893-1962)

Il est plutôt rare que l'on interviewe quelqu'un à propos de quelqu'un d'autre. Habituellement, on va voir un artiste pour qu'il nous parle de lui-même, ce que font d'ailleurs la plupart sans qu'on le leur demande!

Le cas d'exception s'est présenté avec Sir Eugene Goossens. Le chef d'orchestre britannique se trouvait à Montréal le jour même, mercredi 8 mars 1961, où mourut son compatriote et aîné Sir Thomas Beecham, le plus illustre « Sir » du monde musical.

Vite, je cours au Ritz rencontrer le visiteur. Sir Eugene oublie pendant une heure les répétitions de l'oratorio *Die Schöpfung – La Création* – de Haydn, qu'il va diriger à l'OSM le lendemain soir, pour me parler de l'homme qui lui ouvrit la carrière de chef d'orchestre.

« Je n'avais pas encore 20 ans. Je jouais du violon dans le Queen's Hall Orchestra et j'y dirigeais parfois de mes compositions. Un jour, Sir Thomas assistait à l'un de nos concerts. Il vint à moi et m'invita à partager avec lui la direction de la Beecham Opera Company, qu'il venait de fonder grâce à l'argent que lui avait laissé son père, le fondateur de la fameuse compagnie de pilules. Ce fut le début d'une collaboration amicale qui dura toute notre vie, même après la faillite de la BOC en 1920. Notre dernière entreprise commune date d'il y a deux ans, alors qu'il me chargea de réorchestrer entièrement l'oratorio *Messiah – Le Messie* – de Handel en vue de son troisième et dernier enregistrement de l'œuvre, réalisé en 1959. »

L'orchestration «hollywoodienne» de Goossens, regorgeant de harpes et de clochettes, n'avait rien à voir avec Handel et suscita une controverse sur laquelle il n'y a pas lieu de revenir.

N'ayant vu Beecham en concert qu'une fois et ne l'ayant jamais rencontré, son disciple complète ma connaissance du personnage. «On a grandement exagéré sa "méchanceté", et beaucoup de ses fameux "mots" sont pure invention. J'ai toujours admiré non seulement sa science musicale, mais aussi sa très vaste culture. Il connaissait aussi bien l'architecture grecque que la poésie chinoise. Et quelle mémoire prodigieuse ! Il m'avait livré son secret : retenir une chose nouvelle chaque jour... »

Goossens ne venait pas d'une famille de fabricants de pilules. Mais sa famille possédait elle aussi son originalité : son père était également chef d'orchestre et s'appelait Eugene Goossens et son grand-père était également chef d'orchestre et s'appelait Eugene Goossens. D'où la confusion que l'on imagine... à la différence que les deux premiers orthographiaient leur prénom «Eugène» parce qu'ils étaient d'origine francophone.

Goossens III – celui dont nous parlons – n'avait jamais dirigé l'OSM auparavant, mais se rappelait être venu «en 1925», disait-il, prononcer une conférence sur la musique contemporaine (celle de ce temps-là, *of course* !). La *Chronologie musicale du Québec* (page 250) donne la date du 11 décembre 1926, ce qui est probablement plus exact.

Le visiteur avait trouvé «excellents» l'OSM et le Chœur des JMC et «magnifique» l'église (et future basilique) Notre-Dame où était donnée la *Création*.

Sa carrière fut hélas ébranlée par une affaire qui remontait à 1956 et dont les médias d'alors, contrairement à ceux d'aujourd'hui, avaient peu parlé : son arrestation, à l'aéroport de Sydney, Australie, pour «fraude en douane», selon le *Dictionnaire des interprètes*...

HENRYK
GÓRECKI

(1933-2010)

Le compositeur polonais a beaucoup écrit, mais une seule œuvre reste attachée à son nom : sa troisième Symphonie, sous-titrée *Symphonie des complaintes*, pour soprano et orchestre.

Trois enregistrements en furent réalisés en l'espace de cinq ans, tous avec la même soliste, Stefania Woytowicz (qui créa l'œuvre en 1977), mais avec trois orchestres différents. Les trois passèrent plus ou moins inaperçus. Tout à coup, en 1992, et pour des raisons inconnues, une nouvelle version, chantée par Dawn Upshaw, connaît un succès mondial foudroyant : près d'un million d'exemplaires vendus.

Six ans plus tard, en novembre 1998, et donc sans lien direct avec ce petit triomphe, Henryk Górecki est invité à recevoir un doctorat honorifique de l'Université Concordia. Un déjeuner de presse est organisé autour de lui. Un interprète l'accompagne, car il ne parle que le polonais et le russe.

– Comment expliquez-vous ce succès subit ?

– Il faut demander aux gens qui ont acheté le disque...

– Quelque puissante opération de marketing ?

L'invité feint de ne pas entendre la question et murmure : « Mon potage commence à être tiède... » Par contre, il semble agréablement surpris que j'aie la partition et l'autographie de bonne grâce.

– J'ai payé cela 45 $, lui dis-je, à la blague.

– Vous n'étiez pas obligé de l'acheter ! réplique-t-il en riant.

– Combien vous revient-il de cette somme ? 25 cents ?

– Hum... peut-être 50. Vous savez, il y a beaucoup d'intermédiaires... Mais l'argent n'est pas important. Je ne peux rien acheter avec cela.

– Il existe présentement sept enregistrements de votre œuvre.

– Je l'ignorais.

– Une préférence parmi ceux que vous connaissez ?

– Le dernier des trois de Woytowicz.

– Le compositeur que vous placez au-dessus de tous les autres ?

– Chopin. De tous, c'est celui qui annonce le plus le 20ᵉ siècle.

– Boulez, Stockhausen et Glass représentent-ils la musique de l'avenir ?

– Pas du tout ! Ils marquent la fin d'une ère et non le début d'une nouvelle.

JULIETTE
GRECO

(NÉE EN 1927)

J'ai vu et entendu Juliette Greco plusieurs fois – car il faut la voir autant que l'entendre – et l'ai rencontrée d'abord en février 1967, l'année (et le mois) de ses 40 ans.

C'était sa première visite au Canada. Elle revenait d'une tournée en Russie (alors l'URSS) et son imprésario m'avait invité, ainsi qu'un recherchiste de Radio-Canada, à aller la rencontrer à l'aéroport de Dorval. Sa secrétaire et son directeur musical l'accompagnaient et l'interview se déroula dans la limousine qui nous ramenait tous en ville.

Je prends place à côté d'elle. Enveloppée dans un manteau de fourrure et coiffée d'un large bonnet appareillé, elle est collée à la fenêtre. Le visage de déesse (maquillage crémeux, sourcils et cils noircis) découvre un monde inconnu, celui des charrues à neige et des escaliers extérieurs...

– Comme c'est amusant d'être au Canada... Comme c'est drôle, cette architecture... toutes ces maisons pareilles... Vous pensez qu'ils vont m'aimer ici?

– Là-bas, sous la neige, c'est le mont Royal. Il a été découvert par un de vos compatriotes, Jacques Cartier.

– Qu'est-ce qu'il pouvait bien foutre ici celui-là?

Elle ouvre son col, se cale au fond du siège, appuie la tête sur le dossier. Elle ferme ses grands yeux noirs. Elle relaxe. Elle parle avec la même voix grave que lorsqu'elle chante. On croit que le personnage va se laisser aller, se donner.

– Je chante pour être heureuse et non pour faire de l'argent. Mais je suis heureuse. Et je fais de l'argent. C'est merveilleux. Si ça pouvait durer...

Juliette Greco a trois instruments : sa voix, son sourire, ses yeux. Elle en joue continuellement, et si bien que l'on s'y fait prendre. Irrésistible, envoûtante, insaisissable : telle est Juliette Greco.

– Nous avons chanté à Moscou, à Leningrad, à Kiev, à...

– Vous dites « nous »...

– C'est une habitude que j'ai de dire « nous ». Cela me fait oublier que je suis seule...

– Vous chanterez de nouveau à Paris cette année ?

– Non. Il faut laisser les gens se reposer.

– Vos disques révèlent chez vous une voix très « phonographique » et même très « stéréophonique ».

– Merci, mais ça me fait peur, toute cette mécanique... Le récital aussi. Chaque soir, une nouvelle conquête. Chaque soir, je suis morte de peur. Peur, non pas de moi-même, mais de décevoir les gens.

La voiture traverse le quartier grec, avenue du Parc. Juliette Greco lit les affiches.

– Tiens, un cinéma grec. Ces braves gens : j'aimerais chanter pour eux...

– Vous ne chantez jamais dans d'autres langues que le français ?

– Jamais. Cette façon de faire la quête ne me dit rien.

Nous passons devant une affiche annonçant son spectacle.

– Quel drôle de visage on m'a fait. On dirait un chat. Et il y a une faute : mon nom ne prend pas d'accent aigu. Mais ce n'est pas grave…

Même si je savais désormais tout ce que je voulais savoir, je me suis rendu à la conférence de presse qu'elle donnait en fin d'après-midi. M'apercevant dans l'embrasure de la porte, elle me fait un petit signe de la main. Quel souvenir !

Juliette Greco logeait au Bonaventure et ses musiciens, à l'hôtel LaSalle, rue Drummond. Nous nous téléphonions tous les jours. Elle a vite quitté le Bonaventure, où elle mourait d'ennui, pour aller rejoindre ses musiciens. Un jour, je suis allé la chercher dans ma voiture de sport pour l'emmener manger.

Je lui avais laissé le choix : français, chinois, italien… Elle choisit l'italien et hop ! vers Magnani, à Montréal-Nord. La route fut longue. Je me suis égaré et c'est Juliette – car nous en étions au «Juliette» et au «Claude» – qui me guidait… à Montréal-Nord ! «Vraiment, Claude, vous conduisez très mal ! Nous sommes passés là tout à l'heure.»

C'est avec beaucoup de retard, à 14 h 30, que nous sommes arrivés à destination. Personne dans le restaurant… sauf les patrons et les employés, qui attendaient la vedette. Nous avons passé tout l'après-midi en tête-à-tête. J'étais tombé amoureux d'elle… pour une semaine !

À l'un de ses retours, je l'ai emmenée chez Peppe, rue Peel. Et puis… plus rien.

Il y a quelques années sortait ici un documentaire sur elle et on l'attendait pour le lancement. On l'a cherchée en vain et, finalement, on a projeté le film sans elle.

Elle y parlait de ses voyages partout dans le monde, sans dire le moindre mot sur ses passages ici. Comme si elle n'y avait jamais mis les pieds. Mais on avait trouvé place pour un insipide commentaire de sa fille. J'ai fait part de ma frustration à sa grande amie Monique Giroux, qui m'est revenue avec l'explication suivante : à cause du minutage, il fallut faire des choix... Eh bien, moi aussi, j'ai fait un choix.

MARILYN
HORNE

(NÉE EN 1934)

Juin 2002, corbeille de la salle Wilfrid-Pelletier. Malgré la tête devenue toute blanche, je reconnais Marilyn Horne prenant solennellement place parmi les juges du Concours international de chant organisé par son vieil ami et ex-collègue Joseph Rouleau.

Je m'approche et dirige son regard vers la scène.

– Vous vous en souvenez? Vous avez chanté Rosina sur cette scène en 1968.

– Je m'en souviens certainement!

– Ainsi que *Les Nuits d'été* deux ans auparavant...

– Bien sûr! Et le chef était Pierre Hétu.

Quelle mémoire! Passe encore pour la Rosina d'*Il Barbiere di Siviglia* de Rossini, mais que la chanteuse se rappelle jusqu'au nom de celui qui l'accompagnait en 1966 dans le cycle de Berlioz, voilà qui étonne encore plus, surtout qu'en 2002 nous-mêmes avions un peu oublié Pierre Hétu. Jeune chef local de 30 ans, alors assistant de Mehta à l'OSM, il est mort en 1998.

Ma première rencontre avec Marilyn Horne date du *Barbiere* de 1968. C'était alors une toute petite femme aux cheveux noirs coupés à la garçonne que l'on surnommait Jackie. L'Opera Guild de Pauline Donalda l'avait engagée pour chanter Rosina, avec son mari, Henry Lewis, comme chef d'orchestre.

Les deux musiciens m'avaient alors accordé une interview très longue et même un peu savante. Leur connaissance des traditions vocales remontant à l'époque de Rossini était stupéfiante. Horne et son mari rappelaient, par exemple, que le rôle de Rosina, habituellement chanté par un soprano léger, avait été écrit pour une voix grave... comme celle de Horne, justement.

Ils avaient aussi mené de sérieuses recherches sur la question des cadences, ornements, vocalises et autres *abbellimenti*.

Lewis : « Les compositeurs écrivaient alors en fonction d'une voix en particulier, puis ils ajoutaient des cadences, et parfois trois ou quatre pour le même air, afin de permettre à d'autres interprètes, aux caractéristiques vocales différentes, de pouvoir chanter le rôle. »

Horne : « Et souvent, les chanteuses elles-mêmes ajoutaient leurs propres improvisations. Enfin... Elles appelaient cela "improvisations", mais je suis sûre qu'elles en avaient une petite réserve et, tenant compte de ce que leur partenaire improvisait pendant la représentation, elles décidaient, sur place, quelle "improvisation" ferait l'affaire. Un soir, c'était l'improvisation n° 2 et le lendemain, l'improvisation n° 4. »

Lorsque nos deux spécialistes parlaient de *bel canto*, il fallait oublier la conception populaire – et fausse – qui identifie le terme à l'ensemble de l'opéra italien, Verdi et Puccini inclus, et se rappeler, avec eux, que *bel canto* – qui signifie tout simplement *beau chant* – décrit une façon très virtuose de chanter qui prévalut, *grosso modo*, depuis Handel jusqu'à Rossini, Donizetti et Bellini.

Sur un ton plus léger, Marilyn Horne se rappelait avec bonheur sa toute première expérience professionnelle : *Carmen Jones*, version filmée *negro pop*, de 1954, de la *Carmen* de Bizet. On ne la voyait pas, mais la voix chantée de l'actrice Dorothy Dandridge, c'était la sienne. «J'avais une toute petite voix à l'époque!» lance celle qui devint par la suite, et dans la description de son mari, une «mezzo-coloratura».

ELIAHU
INBAL

(NÉ EN 1936)

Le chef israélien vint diriger la gigantesque huitième Symphonie de Mahler – la *Symphonie des Mille* – au Festival de Lanaudière en 2002 en remplacement de Dutoit, qui venait de démissionner. Inbal en était à sa troisième visite à l'OSM, la première datant de 1978.

Concernant Mahler, il parle de «onze symphonies», et non de neuf, car il considère l'inachevée dixième comme un tout et *Das Lied von der Erde – Le Chant de la terre* – comme une symphonie. Une préférence?

«Les onze sont toutes mes préférées! Les Symphonies de Mahler, c'est comme un roman, explique-t-il dans un français impeccable. Il y a une progression et on ne peut pas en rejeter une, pas plus qu'on ne peut enlever un chapitre d'un roman. Jusqu'à la cinquième, nous sommes dans le *Wunderhorn*, le folklore, la vie quotidienne. La sixième, avec ses développements intérieurs, annonce la catastrophe. La septième passe moins bien, je suis d'accord: c'est la plus avancée, la plus abstraite. La huitième est une pause: elle est cosmique, c'est un univers clos. La neuvième, c'est la pleine dimension spirituelle. Je les aime toutes. Mais si on me pointe un revolver et qu'on insiste pour que j'en choisisse une, et une seule, alors ce sera la neuvième.»

Il va plus loin: «Je comprends qu'on puisse ne pas aimer Mahler. Giulini me dit qu'il ne dirige que certaines des symphonies et Sawallisch, lui, qu'il n'y comprend absolument rien. C'est pourquoi il ne les dirige jamais. Son attitude est honnête. D'autres chefs n'y comprennent rien non plus – je ne donnerai pas de noms! – et les dirigent quand même. »

– Certains chefs sont venus bien tard à Mahler. Karajan, par exemple…

– Oui, Karajan… Il a commencé à diriger Mahler lorsqu'il s'est rendu compte que cela avait du succès.

Lors d'une première interview, en 1978, Eliahu Inbal évoquait ses professeurs de direction, dont la succession n'est pas celle des biographies officielles. «J'ai d'abord vu Celibidache. Très scientifique. Il a 60 élèves, qui font tous le même geste, presque mécaniquement. Mais il détruit leur personnalité, comme il détruit la personnalité de son orchestre. Je suis ensuite allé chez Louis Fourestier, dont j'ai appris beaucoup de choses essentielles. Mais je faisais des gestes typiquement *celibidachiens*. Fourestier m'a dit : "Un chef d'orchestre n'est pas un dompteur d'animaux!" Ça m'a pris un an et demi à me débarrasser de cette technique… parce que ça entre dans les muscles! Et puis, j'ai travaillé avec Franco Ferrara, probablement le plus grand chef vivant. Pourtant, il n'a aucune culture générale et ne parle même pas un bon italien. »

Interrogé sur les chefs alors actifs (nous sommes toujours en 1978), Inbal avait ceci à dire : «Il y en a facilement 75 pour cent, 80 pour cent même, qui ne sont pas dignes du nom de chef d'orchestre. Parmi les plus célèbres – mais alors, *les plus célèbres* –, il y en a deux ou trois qui sont de très bons et même de très grands chefs mais, à force d'être portés par cette carrière immense, d'être trop mêlés à la publicité et au côté théâtral, ils sont devenus, en partie, des imposteurs. »

Sur les orchestres en général : «Je n'ai jamais trouvé, dans le monde entier – Philadelphie, Vienne, Berlin, Chicago, Londres –, un orchestre capable de jouer *piano*. Francfort (mon Orchestre de la Radio), oui, ils commencent. Mais si je m'absente pendant un mois et demi et qu'ils ont un chef invité, je dois tout recommencer lorsque je reviens. Cela peut paraître absurde, mais un groupe de violons peut donner un plus grand *pianissimo* qu'un violon seul.»

Il dira encore : «Le travail se fait aux répétitions. Le concert, c'est la dernière poussée, l'interprétation. C'est le moment : donnez ! Le chef ne doit faire que les gestes qui sont absolument nécessaires. Moi, j'en fais très peu. Vous l'avez d'ailleurs remarqué. Mon rêve, ce serait d'être debout devant l'orchestre, sans bouger et, néanmoins, me faire comprendre des musiciens.»

Sur l'enseignement de la musique : «Je crois qu'il est très mauvais, dans le monde entier. Ce que j'entends est incroyable. Des gens qui jouent toutes les notes, qui peuvent jouer très vite. Mais qu'est-ce qu'ils font avec cet instrument ? Rien, rien ! Dans les conservatoires, on ne leur apprend pas à *phraser*.»

OTTO
JOACHIM

(1910-2010)

À sa mort, deux mois et demi avant de devenir centenaire, Otto Joachim portait fièrement son titre de doyen des compositeurs canadiens.

Bref retour en arrière. Il y eut d'abord ceux que l'on appelait «les frères Joachim»: Otto, l'altiste, et Walter, le violoncelliste, de deux ans plus jeune. Nés à Düsseldorf et d'origine juive, de leur vrai nom Joachimsthal, ils fuirent l'Allemagne nazie vers l'Asie pour se retrouver à Montréal au début des années 50 où ils furent immédiatement engagés à l'OSM.

Mais Otto quitta bientôt l'orchestre pour se consacrer à sa véritable passion: la composition. Je le croisais souvent. Toujours vif, au franc-parler redoutable, il ne se gênait pas, en pleine conférence de presse, pour qualifier de «mouche à m...» un compositeur local venu se plaindre de ma critique sur son dernier chef-d'œuvre.

Plus sérieusement, Otto décrivait ainsi son métier: «Composer, pour moi, ce n'est pas seulement créer. C'est me libérer de quelque chose. Quand je compose, j'ai mes personnages. Ce sont mes thèmes, mais je les appelle mes personnages. J'en tue, parfois, pendant que je compose. Si je n'aime pas ce que j'ai écrit, je jette au panier. Je ne fais jamais de corrections. Et je dois être absolument seul quand je compose. S'il y a quelqu'un dans la maison, c'est une intrusion: je suis incapable de travailler. Quand la pièce est terminée, je la vois de l'extérieur. Je deviens le critique. Cela me prend, disons, une heure pour écrire une page et trois heures pour l'analyser.»

Le franc-parler d'Otto, ai-je dit. D'autres exemples : « J'écoutais un enregistrement du *Marteau sans maître* avec la partition. Tout est de travers ! Et Boulez qui a la réputation d'avoir une oreille si parfaite ! Il ne reconnaît même pas sa propre musique ! »

Parlant de *Lettura di Dante*, du Québécois Claude Vivier : « J'ai écouté l'enregistrement. Toute la première ligne, la chanteuse est un demi-ton à côté. J'ai dû le signaler moi-même au compositeur ! »

Otto n'épargnait personne. « Les concerts ? Je n'y vais jamais. J'y suis allé et j'en ai donné. Maintenant, ça me rend malade. Il y a toujours un Brahms, un Beethoven, un Mozart. J'ai fait tout ce répertoire avec les plus grands. Maintenant, qu'avons-nous ? *Monsieur* Decker, *Monsieur* Dutoit, qui, bien sûr, savent mieux que Furtwängler, que Krips... »

Selon lui, « la facilité de Mozart l'a conduit à commercialiser son art », Bruckner est « le compositeur le plus surestimé de toute l'histoire de la musique » et Glenn Gould était « génial, mais pas un génie ».

À 80 ans, il me confia : « J'ai assisté ces derniers temps aux funérailles d'un si grand nombre d'amis de mon âge que je me demande s'il y aura quelqu'un à mes propres funérailles ! »

Et les premiers mots de français qu'il apprit en arrivant à Montréal ? « Le genre de choses qu'on lance à un automobiliste qui vient de vous couper ! »

Un touchant souvenir personnel, en terminant. Lauréat du Prix Hommage, en 2008, aux Prix Opus annuels, Otto avait demandé que je fasse la présentation au micro. Depuis la scène de la salle Claude-Champagne plongée dans le noir, je n'avais pu résister à un instant de cabotinage. « *Otto, wo bist du ?* » (« Où es-tu ? »). Il leva la main et on alla lui remettre le trophée à son fauteuil.

WILHELM
KEMPFF

(1895-1991)

L'un des grands interprètes de Beethoven – *le plus grand*, selon plusieurs –, le pianiste allemand fit ses débuts en Amérique le 3 août 1959 aux Festivals de Montréal. Mal vu aux États-Unis pour avoir poursuivi sa carrière sous le IIIᵉ Reich, il était accompagné par la Symphony of the Air, venue de New York pour l'occasion. Le geste l'avait plutôt flatté : « Ce sont les Américains qui viennent à moi... »

Kempff préférait de beaucoup le Canada et le Québec et y revint maintes fois, notamment pour deux intégrales Beethoven, au Plateau : les 32 Sonates en 1961 et les 5 Concertos en 1962 avec l'OSM.

L'occasion d'une interview se présente au moment où il va entreprendre les Concertos. En fait, il vient de répéter autre chose : le deuxième Concerto de Brahms, avec Zubin Mehta. « Je suis fatigué d'être assis », se plaint-il. Et il est resté debout, bien droit sur ses jambes de 67 ans, pendant les 30 minutes et plus qu'il m'a parlé.

Il porte son chandail de travail. Sa femme se hâte de lui tendre son veston et le prie de se donner un coup de peigne (pour le photographe !).

Comment voit-il les Concertos ? Dans un bon français à couleur germanique, il explique : « Les deux premiers (le numéro 2 ayant été composé en premier) sont assez semblables et se ressentent encore de l'influence mozartienne. Le troisième commence à être Beethoven. Il n'a pas cherché : il a trouvé. Le quatrième est le plus beau, spécialement le mouvement lent. Enfin, l'*Empereur* est un concerto… comment dirais-je… héroïque… majestueux. Beethoven fait comme un organiste : il tire tous les registres. Mais l'*Empereur* ne possède pas la vie intérieure du quatrième. »

Pendant que nous parlons nous parvient l'écho de *Pétrouchka*, que Mehta répète sur scène.

— Vous ne jouez jamais de musique contemporaine…

— Oh ! non. Je n'ai pas le temps, Et puis, je suis trop vieux. Voyez-vous, moi, je suis un contemporain de Brahms. J'ai passé ma vie à étudier Beethoven, Brahms, Schubert, Schumann, Chopin. Cette musique demande une *interprétation*. La musique contemporaine n'en demande pas : il suffit de jouer ce qui est écrit. Cette musique manque de soleil, elle manque de foi…

— Alors que Beethoven…

— C'est le compositeur qui demande le plus à l'interprète. Il faut du cœur, de la tête, de l'esprit… Il faut tout ! C'est, de tous les compositeurs, celui qui a la plus forte personnalité. Bach est certainement plus grand comme compositeur. Peut-être aussi Mozart. Mais Beethoven est le plus personnel de tous. Comme une force mystérieuse qui nous attire… On n'imagine pas combien il est difficile, dans notre monde moderne, de jouer un Adagio de Beethoven comme au temps de Beethoven. Je donne chaque été à Positano des cours d'interprétation consacrés à Beethoven. Cette musique est celle que les étudiants jouent et comprennent le moins bien ! »

TON
KOOPMAN

(NÉ EN 1944)

Le claveciniste, organiste, chef et musicologue néerlandais avait exprimé des idées pour le moins étonnantes en 1995. J'ignore s'il a changé en 20 ans. Probablement pas. Quoi qu'il en soit, ce qu'il disait alors mérite que l'on y revienne.

«Mes trois filles ne s'intéressent absolument pas à la musique que je fais. Elles écoutent Michael Jackson et d'autres dont je ne connais même pas les noms. Nous avons heureusement une grande maison. Je ferme tout simplement les portes. Ma femme est pianiste. Vous connaissez peut-être son nom : Tini Mathot.»

Il ajoute, presque sur un ton de mépris : «Elle aime Haydn, Mozart et le jeune Beethoven...» Une grimace accompagne le nom de Beethoven.

– Vous n'aimez même pas la *Hammerklavier*?

– Absolument pas! Ma femme joue cela. Si Mozart avait vécu plus longtemps, Beethoven n'aurait pas l'importance qu'il a aujourd'hui. Que voulez-vous : je préfère écouter Machaut ou Binchois. Le 19e siècle ne m'intéresse pas du tout : Brahms, Mahler, Bruckner et même Wagner. Je n'ai jamais aimé cette musique, même quand, étudiant, j'allais au Concertgebouw. Et le 20e siècle, encore moins : Debussy, Ravel, Stravinsky, Schoenberg, Bartók, Xenakis, tout ça. J'appartiens au monde du passé, je suis un homme d'un autre siècle.

– Retenez-vous tout de Vivaldi?

– Trente pour cent. C'était un businessman. Il vendait le même concerto plusieurs fois. Mais c'est très bien écrit, je le concède.

– À quoi attribuez-vous la faveur dont jouit la musique ancienne ?

– Je pense que c'est une réaction contre la musique qui se fait aujourd'hui et, d'une façon générale, contre l'art contemporain. La musique moderne étant incompréhensible, les gens vont tout simplement aux valeurs du passé. Et puis, ils sentent que nos musiciens ont du plaisir à jouer, alors que ceux des orchestres symphoniques semblent s'ennuyer...

LILI
KRAUS

(1905-1986)

Je garde un souvenir ému de ma longue conversation avec Lili Kraus, pianiste hongroise qui travailla avec Bartók et Kodály pour devenir ensuite une spécialiste de Mozart. Elle joua ses concertos partout et les enregistra tous, certains plus d'une fois.

En 1969, l'année de notre rencontre, elle avait fait des observations que l'on pourrait reprendre textuellement aujourd'hui. Celle-ci, par exemple : « Voyez-vous, autrefois, les sources d'inspiration, c'était l'âme, c'était Dieu, c'était la nature. Aujourd'hui, c'est la machine, le désordre, l'excitation, la violence. »

J'évoque les recherches qu'elle a dû faire sur les manuscrits et dans les biographies et la correspondance pour s'identifier pleinement au style mozartien. Elle rit. « Vous croyez que j'ai fait tout ça ? Jamais. Jamais. Je vais vous expliquer. Je pense qu'il y a une étonnante affinité entre la nature de Mozart et la mienne. Nous sommes tous deux profondément mélancoliques et, pour être capables d'endurer cette mélancolie, nous sommes tous deux joyeux et effervescents. C'est comme une foi qui nous donne – qui me donne et donne à Mozart – la possibilité de voir de la joie en tout. »

Je lui parle de son intégrale des Concertos de Mozart. « J'attends avec impatience le jour où je pourrai les réenregistrer. Parce que ce qui était assez bon pour hier n'est pas assez bon pour demain. » A-t-elle entendu d'autres intégrales ? « Je n'ai pas le temps d'écouter mes propres disques et je n'ai pas le temps non plus d'écouter les autres pianistes.»

Elle fera pourtant une exception: la première version Glenn Gould des *Variations Goldberg* de Bach. «Il n'y a aucun disque, dans le monde entier, que je mettrais au-dessus de cela. C'est comme s'il avait inventé un nouvel instrument pour jouer Bach.»

Soixante ans passés et, pourtant, la démarche rapide et les yeux pétillants d'une jeune fille, Lili Kraus eut une vie très difficile. Prisonnière des Japonais pendant la Seconde Guerre mondiale, elle passa trois années dans un camp de travaux forcés pour femmes. «J'étais seule, sans nouvelles de mon mari et de mes enfants. Je transportais du riz pour 800 femmes, je nettoyais les lavabos, je frottais les planchers de ciment. J'avais des infections partout, sauf sur mes mains. Je n'ai jamais eu d'infections sur mes mains. C'est un miracle.» Ces trois années, conclut-elle, ont été bénéfiques. «Ce fut pour moi un temps de réflexion. J'en suis sortie beaucoup plus forte et bien meilleure!»

JOSEF
KRIPS

(1902-1974)

Le 28 novembre 1955, je téléphone à Josef Krips à son hôtel. Le chef autrichien est de retour pour quelques concerts à l'OSM et je lui demande – comme à quelques autres musiciens – un témoignage sur Honegger, qui vient tout juste de mourir.

« *I cannot find the* reffiou *of my* kontsert ! » [« Je ne trouve pas la critique de mon concert ! »] Le « témoignage » qui retentit comme un coup de canon au bout du fil n'est pas précisément celui que j'attendais... À cette époque, les critiques ne paraissaient parfois que le surlendemain de l'événement et c'est ce que je tente d'expliquer à M. Krips... qui retrouve bientôt son calme et enchaîne : « Honegger, une grande perte, l'une des personnalités les plus influentes de la musique contemporaine. Ce grand compositeur suisse avait ajouté beaucoup de couleur à l'orchestre. »

C'est à l'OSM, en 1953 et à l'âge de 50 ans, que Josef Krips fit ses débuts en Amérique. Une autre première que l'on doit à Pierre Béique, le visionnaire grand patron de l'OSM à l'époque.

Tout en rondeurs, petites lunettes comprises, l'allure d'un maître d'école : il y avait chez Krips un côté amusant, mais trompeur. Les musiciens le jugeaient trop sévère. « Tout le monde le déteste. C'est un très grand chef, mais il nous dirige comme un régiment ! » Une musicienne avait résumé là le sentiment de l'ensemble de ses collègues.

Krips savait qu'il dérangeait certaines habitudes. Je lui en soufflai un mot et, tout en continuant à fumer son cigare, il me fit cette réponse, avec son pesant accent germanique : « *Hate me now,* lofe *me later* ! » [« Haïssez-moi maintenant, aimez-moi plus tard ! »]

Il me dit avoir appris l'anglais en voyageant, tout simplement. « Venn *I arrived in England* viz *the Vienna Philharmonic, in 1947, I knew three* vords *in English : YES, NO and LON-DON.* » [« Quand je suis arrivé en Angleterre avec le Philharmonique de Vienne, en 1947, je connaissais trois mots d'anglais : oui, non et Londres. »]

Krips devint rapidement un habitué de l'OSM. Il vint aussi à l'Expo 67, avec l'Opéra et l'Orchestre Philharmonique de Vienne. Je l'ai interviewé à plusieurs reprises. En 1967, je l'ai même ramené à son hôtel dans ma petite décapotable rouge après un déjeuner chez le consul d'Autriche.

Retour en arrière : novembre 1963. Devant la salle Wilfrid-Pelletier ouverte depuis deux mois, il s'extasie : « Elle est magnifique, elle est vaste, et l'acoustique en est tout simplement parfaite ! Bien sûr, on entend mieux les défauts, mais aussi les qualités. » Par la suite, ce sont les défauts de la salle elle-même que l'on allait découvrir.

Krips lui-même lui trouva quelques imperfections lors de l'Expo, du côté de la fosse d'orchestre. « J'ai eu beaucoup de mal à y asseoir mes 85 musiciens pour *Rosenkavalier* et je ne vois pas comment on arrivera à placer les 106 d'*Elektra*. Mais le problème n'est pas propre à Montréal. Aujourd'hui, on construit des théâtres d'opéra avec des fosses d'orchestre bonnes tout au plus pour *My Fair Lady* ! »

Krips trouvait normal qu'un chef dirige la musique de son pays mieux qu'un étranger. « Peut-être parce qu'un Français parle le français mieux que l'allemand… » J'enchaîne : « … et qu'il parle le français mieux qu'un Allemand ». Sa réponse : « Exactement. C'est comme Schubert. Si vous n'avez pas en vous ce tempérament viennois, si vous n'êtes pas viennois, vous ne pouvez pas comprendre Schubert. »

Krips fit des colères aux musiciens de l'OSM. Il m'en fit à moi aussi. Deux. La première, on l'a vue plus haut. L'autre, en 1969. L'OSM et le disquaire Jules Jacob organisaient alors, avant certains concerts, des «dialogues» d'un animateur avec un chef invité ou un soliste, et j'étais l'animateur ce soir-là. Une quarantaine de personnes seulement s'étaient déplacées et les responsables avaient négligé de rassembler tous les disques de Krips.

Il se mit à m'enguirlander, comme si j'étais l'organisateur de la rencontre, en répétant très fort : « *There are no* vords! *There are no* vords! » [« Les mots me manquent! »] Un responsable de l'OSM – je dis bien responsable – vint immédiatement arranger les choses.

BERNARD
LAGACÉ

(NÉ EN 1930)

« De tous les compositeurs d'orgue, Bach est le plus grand. Non pas parce qu'on le dit, mais parce que j'en suis profondément convaincu. »

Déjà, cette façon astucieuse de dire les choses. On reconnaît bien là Bernard Lagacé. Il poursuit : « L'orgue de l'Immaculée-Conception, c'est-à-dire l'instrument lui-même et l'acoustique dans laquelle il se trouve, c'est peut-être, pour jouer Bach, le plus bel endroit en Amérique du Nord. »

Béni des dieux, Bernard Lagacé s'est retrouvé à la jonction de ces deux sommets. L'œuvre complet pour orgue de Bach, il l'a donné en concert, à l'Immaculée, non pas une mais deux fois (de 1975 à 1977 et de 1987 à 1989) et l'a enregistré à la même tribune de 1991 à 2000, pour un total de 22 disques compacts. C'est, à ce jour, la plus grande réalisation signée par un organiste québécois.

Sur la musique elle-même, rien à ajouter : s'il existe une somme organistique plus importante que celle de Bach, on n'en a tout simplement jamais entendu parler. Quant au Beckerath de l'Immaculée, la description du savant Lagacé est péremptoire : « On connaît, du moins par leur composition (il ne faut pas dire "devis"), les orgues que Bach a tenus et on connaît les églises où ces instruments se trouvaient. En gros, on peut dire que l'Immaculée correspond aux églises de Bach et qu'il a connu des orgues semblables, avec des jeux semblables, car l'orgue de l'Immaculée est un orgue strictement nord-allemand : il n'est pas éclectique du tout (comme celui de l'Oratoire) et il ne comprend aucun jeu français. Tous les jeux de l'orgue de l'Immaculée, Bach les a connus. »

L'organiste peut parler de Bach pendant des heures. « Un être surhumain, bien sûr, ce qui inclut le mot "humain"... La somme de ses œuvres pour orgue constitue sa plus belle biographie parce qu'il en a composé toute sa vie. »

Je mentionne les intégrales déjà disponibles, dont trois de Marie-Claire Alain. « Mme Alain est une amie. Elle m'a même dit un jour : "Nous nous rapprochons..." (Sourire) Je n'ai entendu aucune de ces intégrales, seulement quelques extraits, à l'occasion... En tout cas, je suis le seul à respecter les conventions rythmiques de l'époque. Avant tout, j'ai recherché deux choses : la grandeur et la poésie... Et aussi l'humilité... »

ALAIN
LEFÈVRE

(NÉ EN 1962)

Le plus médiatisé de nos pianistes classiques. Mon dossier sur Alain Lefèvre fait quelques centimètres. Parmi des douzaines de mes critiques sur ses concerts et ses disques, je retrouve tantôt quelques interviews, tantôt des commentaires de quelques lignes seulement.

L'échange le plus surprenant s'est produit en 2014 lors du lancement de son disque des 24 Préludes de Chopin. En causant tout bonnement, il me vient à l'esprit un petit questionnaire du genre «5 questions à...» L'exercice est vite devenu un «10 questions à...».

Ce jour-là, et peut-être parce qu'il n'avait rien préparé lui non plus, Lefèvre m'a résumé en quelques instants ses goûts en musique et aussi, parce qu'il est un penseur, l'essentiel de ses préoccupations d'être humain.

À brûle-pourpoint, et sans que je lui demande quoi que ce soit, il me déclare solennellement : «Je ne suis pas capable de penser que je joue bien. Ce n'est pas de la fausse modestie. Après un concert, je cherche un piano pour retravailler.»

– Vous n'êtes jamais content de la façon dont vous avez joué ?

– Presque jamais content.

– Alors, les critiques ne sont pas si sévères ?

– C'est pour ça que je ne me suis jamais attaqué verbalement aux critiques qui me touchaient. Je suis de la génération qui apprenait aux enfants à se sentir toujours coupables de tout et de rien.

– Le compositeur que vous préférez entre tous ?

– Il y en a un qui me bouleverse de plus en plus. C'est Anton Bruckner. Pour la spiritualité constante qu'on retrouve dans ses immenses symphonies. Quand on vieillit, on se sent porté vers une forme de tranquillité des sentiments plutôt que vers les batailles quotidiennes.

– Le compositeur que vous aimez le moins ?

– Il y en a beaucoup ! Je mettrais Saint-Saëns, Bizet, une grande partie des œuvres de Liszt aussi. Des choses comme *Islamey* de Balakirev...

– Le pianiste que vous aimez le plus ?

– Là encore, plusieurs : Arrau, Lipatti, Gilels, Richter... Mais, avant tout, Cortot. J'ai acheté le coffret de 40 compacts [NDLR : paru en 2012]. Comme pensée musicale, c'est prodigieusement avancé, j'irais jusqu'à dire génial... même s'il y a quelques fausses notes !

– Le (ou les) pianiste(s) que vous n'aimez pas ?

– Je ne réponds pas à ça. Je me limiterai à ceci : toute cette mode actuelle, cette folie, de vouloir absolument jouer plus vite que l'autre ! Le piano, ce n'est pas un métier olympique, c'est passer un message de vie intérieure. Aujourd'hui, on a des superstars du piano, poussées par d'énormes machines, qui tombent dans le *show business* et, finalement, font plus de tort que de bien à la musique.

– L'œuvre pour piano que vous trouvez la plus difficile ?

– Ma réponse est en deux volets. Rachmaninov a inventé d'immenses difficultés qui réclament des mains d'une certaine grandeur, une force et une habileté de mémorisation inhabituelles. Par contre, avec les œuvres les plus minimalistes de Haydn et de Mozart, on est confronté à des difficultés encore plus grandes, selon moi.

– L'œuvre pour piano que vous préférez entre toutes?

– Les *Variations Goldberg*. Bach y transforme 30 fois un thème très simple en une véritable cathédrale sonore. Il y a là une sorte d'hypnotisme et une incroyable modernité. Bach les a écrites au clavecin, mais avec une sorte de prescience du piano.

– Une œuvre que vous ne jouerez jamais?

– Les deux Concertos de Liszt. J'«haïs» cette musique pour me lever la nuit!

– Êtes-vous heureux?

– Non et oui. Oui, parce que la vie est bonne pour moi. Non, à cause de la situation absolument dramatique de notre monde actuel. Je lisais avec effroi que l'Australie vient d'interdire *Carmen* parce qu'on y fume des cigarettes et que c'est là un mauvais exemple à donner aux jeunes. Pendant ce temps, aux États-Unis, on passe à la télé des films où on se tue pour rien avec la plus atroce violence, où on se tranche la gorge. Mais tuer quelqu'un, ce n'est pas un mauvais exemple à donner aux jeunes, alors que fumer, oui, c'est un mauvais exemple. Il n'y a pas de doute: notre société est très, très gravement malade!

ERICH
LEINSDORF

(1912-1993)

Un froid dimanche soir de janvier 1992. D'une fenêtre de sa suite du Quatre-Saisons (aujourd'hui l'Omni), Erich Leinsdorf se fait montrer le Chalet de la Montagne, où il fit ses débuts: un concert de l'OSM le 9 août 1939... à 27 ans!

— Avez-vous quelque souvenir de l'événement?

— C'était en plein air... J'entends encore l'écho...

— Et la qualité de l'orchestre à ce moment-là?

— C'était mauvais!

Un demi-siècle plus tard, le célèbre chef revient à l'OSM pour la septième Symphonie de Mahler. Ce sera son dernier passage ici. Il me parle en français. Même chose avec les musiciens. «Je suis venu à Montréal pour pratiquer mon français!»

Je lui rappelle d'autres visites précédentes: le *Requiem allemand* de Brahms aux Festivals de Montréal, en 1958, à l'église (et future basilique) Notre-Dame; la participation de l'Orchestre Symphonique de Boston (dont il était alors le titulaire) au festival d'inauguration de la Place des Arts, en 1963; le lancement de l'Orchestre mondial des Jeunesses musicales, en 1970. Après une répétition de l'OMJM, je l'avais même ramené à son hôtel dans ma voiture de sport.

Leinsdorf a un très vague souvenir de tout cela. «Le passé, c'est le passé...» Puis il se ressaisit : «Oui, une chose. Le jour où s'est terminé mon contrat avec Boston fut mon premier jour de liberté!»

Presque effrontément, il émet des opinions qui ne sont pas toujours celles que l'on attend. Ainsi, il a accepté l'invitation de Dutoit pour la *Septième* de Mahler bien que ce ne soit pas sa préférée. «Les meilleurs mouvements sont les 2ᵉ, 3ᵉ et 4ᵉ. J'ai déjà dirigé cette "version en trois mouvements", c'est-à-dire en omettant le premier, qui est médiocre... disons tolérable, et le dernier, qui est mauvais et dans lequel je fais quelques coupures. J'aide Mahler. Je prends les libertés de l'admirateur. Mahler lui-même en faisait autant avec Mozart...»

Bien des sujets émaillent cette conversation très animée.

– On peut savoir comment vous est venue l'idée de cette «suite» regroupant les interludes d'orchestre de *Pelléas et Mélisande* de Debussy?

– Parce que c'est de la très belle musique...

– Avez-vous obtenu les droits de l'éditeur Durand?

– Non.

– Et si Durand faisait des histoires?

– *They can kiss my arse!* [Qu'ils aillent au diable!]

JERRY
LEWIS

(NÉ EN 1926)

La polyvalence dont j'ai déjà parlé m'a amené à interviewer Jerry Lewis, venu en plein mois de juillet 1963 faire la promotion de son dernier film, *The Nutty Professor*. Arrivé en voiture, le samedi matin aux petites heures, de Detroit, il reçoit la presse le midi, frais comme une rose, dans sa suite du 21ᵉ (et dernier) étage du Reine Élizabeth.

– Monsieur Lewis...

– Appelez-moi Jerry. C'est tellement plus simple.

– C'est votre vrai nom, Jerry Lewis ?

– En réalité, c'est Joseph Levitch.

– En voyant vos films, j'ai toujours l'impression que, derrière ces personnages loufoques que vous jouez, se cache un autre personnage, profondément humain, voire pathétique, mais qui malheureusement échappe à la majorité de vos admirateurs, qui ne retiennent de votre jeu que le gros comique. En ce sens, vous pourriez vous apparenter à Charlie Chaplin...

– Vous n'êtes pas le premier à me dire cela et je commence à me rendre compte que c'est vrai. Cependant, je ne suis pas du tout conscient de cela quand je fais un film. Mon seul et unique but, c'est de faire rire. Quant au rapprochement avec Chaplin, eh bien, j'avoue être très flatté.

– Vous ne parlez pas français, bien sûr.

– J'ai appris à compter jusqu'à 13 au Casino de Monte-Carlo.

– Comment en êtes-vous arrivé à jouer tous ces personnages un peu dingues qui vous caractérisent ?

– Je ne suis pas « arrivé » à cela. C'est ce que j'ai toujours fait. Je suis né dans une famille de comédiens. À 5 ans, j'étais un comique de profession. J'ai appris à faire le fou avant de parler ou de marcher. Je n'ai jamais su faire autre chose !

– Allez-vous souvent au cinéma vous-même ?

– Très souvent.

– Quel genre de films vous attire ?

– Seulement les films qui vont me divertir.

– Les drames psychologiques, les films à message : ça ne vous intéresse pas ?

– Si vous voulez du drame, vous n'avez qu'à vous promener dans la rue ! Si vous voulez un message, vous allez à l'église...

– Hitchcock, ça ne vous dit rien ?

– J'ai eu le malheur de voir un film de ce monsieur-là, un jour... *Psycho*. J'étais à New York. J'ai immédiatement téléphoné à ma femme, à Los Angeles. Je lui ai dit : « Si tu vois affiché quelque part dans un cinéma ce titre, *Psycho*, fuis ce cinéma comme la peste ! » Et j'ai ajouté : « Si tu vas voir ce film, je divorce ! » On n'a pas le droit de présenter des horreurs pareilles au public !

– Donc, vous n'allez voir que les films comiques. Quels sont les autres comiques que vous aimez ?

– Hum... je ne saurais dire.

– Autrement dit : quels sont les comiques que vous préférez, après vous-même ?

– À vrai dire, aucun.

Question-réponse, question-réponse. Autour de nous, on observe la joute en silence. La prétendue conférence de presse a pris l'allure d'un dialogue-duel que Lewis interrompt en me lançant :

– Je détecte de l'hostilité chez vous !

L'apostrophe me prend par surprise, je l'avoue. J'enchaîne aussitôt :

– Monsieur Lewis, n'oubliez pas que vous avez un avantage sur moi : l'anglais est votre langue et non la mienne...

– Je voudrais bien parler le français aussi bien que vous parlez l'anglais !

À partir de ce moment, Jerry et moi sommes devenus de bons amis. Une photo, que j'ai conservée, en témoigne.

LIBERACE

(1919-1987)

Il n'y en eut qu'un et il n'y en aura jamais d'autres comme lui : Wladziu Valentino Liberace, ou simplement LIBERACE, en grosses lettres au néon, natif du Wisconsin, de père italien et de mère polonaise, grande admiratrice de Valentino (d'où le deuxième prénom).

Son imprésario local, Samuel Gesser, voulait absolument que je le rencontre. Ce qui fut fait, après un de ses spectacles, en novembre 1965. Échange bref mais surprenant. Le *showman* a laissé derrière lui manteaux de fourrure à longues traînes, candélabre, bagues et... blagues lancées à la galerie. Je découvre un homme simple, accueillant, parfaitement normal et peu loquace. Habillé comme tout le monde, il passerait inaperçu.

– Quel est le secret de votre succès ? Pourquoi les gens viennent-ils vous voir ?

– Je ne sais pas... Sans doute parce que je suis différent des autres. Je ne tombe dans aucune catégorie.

– Vous formez une catégorie à vous seul.

– C'est ça.

– Vous êtes dans ce métier depuis 25 ans. Mais vous n'avez pas toujours été fantaisiste. Dites-nous comment vous en êtes venu là.

– J'ai commencé comme pianiste de concert. J'ai fait mes débuts en 1940 en jouant le deuxième Concerto de Liszt avec le Chicago Symphony. Graduellement, je me suis tourné vers le genre *supper club*. J'ai joué, il y a fort longtemps, au Normandie Roof de l'hôtel Mont-Royal...

– À ce moment-là, portiez-vous ces costumes extravagants et faisiez-vous des monologues?

– Je parlais un peu au public, mais moins qu'aujourd'hui. Pour ce qui est des costumes, j'en mettais de temps à autre... mais les gens n'aimaient pas trop ça...

En privé, le pianiste nous parle avec grand sérieux de Liszt. Sur scène, l'amuseur annonçait Schlitz. Voilà, en somme, l'«avant et après» de notre homme.

Lors d'un passage ici de Liberace, je croise Wilfrid Pelletier. «Quelle impression cela vous fait-il de voir cette très belle salle, qui porte votre nom, ouvrir ses portes à des attractions d'un genre fort éloigné de celui auquel vous avez voué toute votre vie – en somme, de voir votre nom accolé à celui de... Liberace, par exemple?»

Toujours diplomate, le distingué musicien s'est limité à quelques mots. «Je ne pense pas à ces choses-là. C'est une grande maison. On reçoit donc de tout...»

MARCEL
MARCEAU

(1923-2007)

Mes polyvalentes premières années de journalisme m'ont conduit jusqu'à faire parler quelqu'un qui ne parle pas. Le célèbre mime Marceau, puisqu'il s'agit de lui, a répondu normalement à toutes mes questions, mordant dans les mots d'une voix légèrement nasillarde, et sans jamais recourir aux gestes et mimiques devenus pour ainsi dire sa raison d'être.

Lui que l'on avait toujours vu dans de petites salles nous revenait, en 1966, pour se produire à Wilfrid-Pelletier.

– Cela ne vous effraie pas de faire face à un vaisseau de 3 000 places ?

– Pas du tout. Depuis que je parcours les États-Unis, j'ai l'habitude. La seule différence, c'est que je joue maintenant sur l'expression du corps tout entier plutôt que sur l'expression du visage seulement. De toute façon, l'œil s'adapte aux grandes distances. Comme l'oreille, d'ailleurs. J'ai entendu Segovia dans une salle de 3 000 places. Moins il jouait fort, mieux on l'entendait !

L'artiste nous promettait cette fois « un Marceau assez nouveau, avec des commentaires plus violents, plus importants ». Il explique : « J'ai quelque peu abandonné le côté comique. Ce que j'apporte maintenant, c'est le cri de l'homme de notre époque, aux prises avec une nouvelle société. Dans un des numéros, Bip, le personnage que j'ai inventé, est fabricant de masques. Je veux montrer par là que chacun de nous joue un rôle, que le monde est un théâtre... que, derrière ces masques, il y a la nudité de l'homme. »

Marceau utilise indifféremment les termes «mime», «panto-mime» et «mimodrame» pour parler de son art. Il y reconnaît quatre influences : Charlie Chaplin, Buster Keaton, Harpo Marx et Stan Laurel. Et, oui, il trouve que le cinéma est «trop bavard», ajoutant : «Sur le plan comique, on n'a jamais fait mieux qu'au cinéma muet.»

— Vous est-il déjà arrivé, au cours d'un spectacle, d'éprouver soudain le besoin d'avoir recours à la parole?

— Jamais! Parce que dès le moment où j'aurai besoin de la parole, je ne serai plus mime.

LUIS
MARIANO

(1914-1970)

Le « favori de ces dames » – « qui, hélas, ne savent pas... », obser-vait tout bas son imprésario – a obtenu à Montréal et en province des triomphes rappelant ceux de Tino Rossi. Luis Mariano, ténor français d'origine espagnole, chanta maintes fois ici, notamment dans deux opérettes de son ami et compatriote Francis Lopez : *La Belle de Cadix* en 1966 et *Le Chanteur de Mexico* en 1969.

De tous les artistes que j'ai interviewés, voici très certainement le moins prétentieux, le plus simple, le plus affable et, surtout, le plus prompt à faire sa propre critique et à se trouver mille défauts. En fait, Luis Mariano disait tant de mal de Luis Mariano que l'on croyait assister à un pur numéro de cabotinage. Écoutez un peu...

« J'ai d'abord fait de l'opéra, mais je me suis rendu compte assez tôt, heureusement, que je n'avais vraiment ni le genre ni le physique pour l'opéra. J'aime m'amuser. L'opéra, c'est trop sérieux.

« Je n'écoute jamais mes disques et je ne vais jamais voir mes films. Jamais ! J'ai horreur de me voir et de m'entendre. Je suis un mauvais acteur et un mauvais chanteur, et je comprends fort bien mes critiques de me détester. Mais je me trouve extraordinaire de vivre comme je vis avec ce que j'ai à offrir... Et savez-vous, plus les critiques sont mauvaises, plus le public vient. Dernièrement, un critique a écrit que j'avais gagné en ventre ce que j'avais perdu en voix. Après ça, ce fut salle comble tous les soirs ! »

Et encore... «Moi, je chante pour plaire. Si les gens sont heureux en m'écoutant, tant mieux. S'ils ne m'aiment pas, je suis le premier à être malheureux.»

Concernant ses nombreuses partenaires féminines, notre célibataire endurci avait ceci à dire : «Je les ai toutes aimées parce que, justement, elles ne restaient pas longtemps. La plupart ne chantent plus. On les a oubliées. Moi, je chante encore!»

Des musiciens dans la famille? «Aucun. Des curés, des bonnes sœurs, mais pas de musiciens. Je suis d'ailleurs la déception de ma famille.»

IGOR
MARKEVITCH

(1912-1983)

Né en Russie, naturalisé italien et vivant en France, Markevitch fut le titulaire de l'OSM de 1957 à 1961, après y avoir fait ses débuts en Amérique en 1955, comme chef invité.

Cela semble tellement loin, 1957... et pourtant, cette année-là précipita l'orchestre et son public dans une réalité qui allait bousculer pour toujours leurs confortables habitudes. Cette année-là, le visionnaire Markevitch les confronta, de part et d'autre de la rampe, à l'une des œuvres les plus déroutantes du 20e siècle : *Le Sacre du printemps* de Stravinsky. Encore aujourd'hui, il se trouve des gens incapables de « supporter cela », comme ils disent. Et « cela » date de 1913, donc de plus de 100 ans !

Markevitch fondait de grands espoirs sur ce *Sacre* montréalais, au surplus une première au Canada. Pour l'occasion, il avait dû augmenter les effectifs de 80 à 100 musiciens. Je revois encore la scène du Plateau débordant d'instrumentistes et d'instruments, tous se confondant. Devinant qu'on lui reprochera de « trop dépenser », il prépare sa défense : « Le cachet d'un grand soliste dépasse encore le montant qu'il faut verser au groupe supplémentaire de musiciens, soit environ 2 000 $. »

Petit et délicat, d'un raffinement extrême, voire calculé, Markevitch parlait toujours très lentement, en vous fixant avec une sorte de petit sourire malicieux. Il avait placé l'œuvre tant attendue en seconde moitié d'un programme lourd qui débutait aux cordes seules avec le troisième *Concerto brandebourgeois* de Bach et se poursuivait avec la quatrième Symphonie de Brahms.

Du *Sacre*, il pouvait parler sans arrêt. «C'est une œuvre comme on en compose une ou deux dans sa vie... Tout ce qui a été écrit l'a été *avant* ou *après* le *Sacre*... Cette œuvre bouleverse tout : la rythmique, l'orchestration, la mélodie.»

Ayant écouté son enregistrement alors récent et ceux notamment de Monteux, le créateur, de Stravinsky lui-même, d'Ansermet et de Stokowski, je lui demande où se situe sa conception dans cet aréopage. «Ces musiciens sont d'une génération antérieure, mais pour lesquels j'ai la plus grande estime et la plus grande admiration... On dit que mon *Sacre* est jeune et neuf. En effet, j'essaie d'y mettre plus de fougue.»

Markevitch précisait qu'il utilisait l'édition originale de 1913. «J'ai relevé 132 fautes dans une édition reconnue comme très fiable. Stravinsky m'avait félicité de mon travail de correction dans une lettre que je conserve précieusement.»

Markevitch avait été aussi étonné que nous tous du résultat obtenu en ces deux soirs de mars 1957, et ce, avec cinq répétitions seulement, alors qu'à Pittsburgh, rappelait-il, il lui en avait fallu 24. Visionnaire, je l'ai dit, prophète aussi, Markevitch prédit bien des choses qui se sont ensuite réalisées.

«Quel instrument magnifique l'Orchestre Symphonique de Montréal est devenu en quelques années», m'a-t-il répété plusieurs fois en entrevoyant déjà, «pour cette ville qui n'est absolument pas provinciale, mais une grande métropole internationale», la construction d'une vraie salle (qui allait être, six ans plus tard, Wilfrid-Pelletier) et deux opérations majeures qui se sont concrétisées : les enregistrements et les tournées.

Markevitch ne participa à rien de tout cela. Mais je distinguai son long nez fin dans la foule lorsque son «ancien» orchestre joua à Paris, à la fin de la tournée européenne de 1962. Non, Markevitch fut simplement l'homme qui prédit l'avenir. Parce que, convoitant le poste de Boston tout en couvrant de fleurs son cher OSM, il tourna le dos à celui-ci lorsque Boston choisit Erich Leinsdorf plutôt que lui.

ZUBIN
MEHTA

(NÉ EN 1936)

En parcourant mes nombreuses interviews avec Zubin Mehta, chef attitré de l'OSM de 1961 à 1967, je suis tombé sur des propos qu'il tenait en 1965 sur la musique contemporaine, propos qui méritent, je pense, d'être relus. Il est possible que son opinion ait changé depuis. Il est davantage possible qu'elle soit restée la même, sans cependant être exprimée d'une façon aussi... directe.

Écoutez un peu... « Il y a des œuvres contemporaines, vous savez, qui sont vraiment trop... compliquées. Je n'ai franchement pas le temps d'absorber cette musique, je ne comprends pas ça, et puis, pour dire vrai, je n'aime pas ça. Les compositeurs ne savent pas ce qu'ils veulent dire, ce qui complique encore notre travail. Aucun musicien n'est capable de jouer ça. J'en ai rencontré plusieurs en Allemagne. Ils sont fatigués de jouer cette musique. Et le public ? Ils rient quand on joue ça. Les gens se plaignent et disent qu'ils ne reviendront plus aux concerts. »

MICHELANGELI

(1920-1995)

On parle toujours de «Michelangeli», pour simplifier, mais le nom exact est celui qu'il m'autographia sur un disque : Arturo Benedetti Michelangeli.

C'était, à l'Expo 67, la visite tant attendue du pianiste italien réputé pour ses caprices. Il voyageait avec non seulement son piano (l'un de ses cinq Steinway !), mais aussi son tabouret et son accordeur. Il avait en horreur les foules, les studios d'enregistrement, les journalistes, le téléphone, la correspondance, bref à peu près tout. Et il pouvait s'arrêter au beau milieu d'un récital pour un flash de photographe ou un courant d'air.

Cauchemar des imprésarios, il se décommandait au dernier moment, souvent pour les raisons les plus bizarres. D'ailleurs, à sa mort, en 1995, le journal *Libération* titra : «Michelangeli annule pour de bon».

À Québec, le 2 février 1970, il joua l'*Empereur* de Beethoven (le 5ᵉ Concerto), mais refusa de se rendre à Trois-Rivières pour la reprise du lendemain (Garrick Ohlsson le remplaça). On dit qu'il n'aimait pas l'air que lui faisait respirer le dur hiver canadien. Quelques jours plus tard, il annula une télévision à Toronto, craignant que les réflecteurs n'affectent son piano.

Montréal entendit Michelangeli trois fois, toujours en récital : dans un programme Chopin en 1967, un programme varié (Clementi, Schumann, Ravel) en 1968 et un programme Beethoven en 1970 (pour le bicentenaire du compositeur). Un retour annoncé pour 1986 demeura à l'état de promesse, le pianiste ayant contremandé toute sa tournée en Amérique pour, cette fois encore, une question de piano... ou de pianos.

Peu importe. Je l'avais rencontré à sa première visite ici, en 1967, découvrant un homme simple, aimable et parfaitement normal, voire réticent à parler de lui-même et de ce qu'il fait – bref, tout le contraire de ce que j'appréhendais. Seul petit problème : Michelangeli ne parlait ni français ni anglais. Nous conversons par l'entremise d'un membre de la délégation italienne.

Chopin, son choix de programme en 1967, il l'explique ainsi : « C'est le plus classique des compositeurs romantiques. » Il poursuit sur un ton de regret : « Il y a si peu de grands interprètes de Chopin aujourd'hui... »

On peut trouver l'affirmation gratuite, Michelangeli m'ayant avoué qu'il connaissait « très peu, sinon pas du tout » les autres pianistes, n'écoutait jamais la radio et jamais de disques, et qu'il n'avait pas mis les pieds dans une salle de concert depuis 30 ans.

Selon lui, il n'existe pas d'école italienne de piano, non plus que d'écoles allemande, russe ou française. Il conclut : « Je ne crois pas aux écoles mais aux individus. »

En tout cas, c'est la traduction que fournit l'interprète.

Concernant ses enregistrements, Michelangeli montre une nette préférence pour les 78 tours, « les plus fidèles à la sonorité de piano que je recherche ».

Il n'aime pas le microsillon 33 tours et encore moins la stéréo, laquelle en était alors à ses quelque dix années d'existence. De ses propres microsillons, il n'aime que le Concerto en sol de Ravel, de 1957. Et encore : rien que le tout début du mouvement lent, où seul le piano se fait entendre.

« En stéréo, explique-t-il, le piano est traité par des ingénieurs qui ont tendance à déformer le son que je veux obtenir. Ce sont des techniciens et non des artistes. Or, pour moi, la chose la plus importante en musique, c'est la sonorité. »

On a effectivement reproché à Michelangeli de mettre l'accent sur la plastique sonore, au détriment du contenu musical. Mais c'est là une autre histoire.

Ce jour-là, Michelangeli s'inquiétait de l'état de son piano, qui avait « changé de température », et sur lequel l'accordeur travaillait sur scène. « Pour terminer cette interview... », me glisse-t-il poliment au bout d'une vingtaine de minutes, anxieux d'aller retrouver son enfant.

PIERRE
MONTEUX

(1875-1964)

Sans doute le plus important chef français de l'histoire, Pierre Monteux créa *Le Sacre du printemps* de Stravinsky et une multitude d'autres œuvres. Lors d'un passage à l'OSM, nous l'avions reçu au Cercle de la critique.

J'étais alors le plus jeune – et suis aujourd'hui le seul survivant ! – de cet aréopage qui, dans les années 50, réunissait les critiques locaux de toutes les disciplines. En plus de décerner un prix annuel, nous invitions à déjeuner les personnalités artistiques de passage.

Je vois encore le philosophe Gabriel Marcel tremper pour la première fois de sa vie sa petite langue dans le sirop d'érable en susurrant «Hum, c'est bon». Je revois aussi les acteurs Edward G. Robinson et Tyrone Power, le metteur en scène Tyrone Guthrie, le mime Marceau, le violoniste Yehudi Menuhin et sa femme, le danseur Antonio, le peintre Paul-Émile Borduas nous expliquant l'importance de son *Refus global*, et jusqu'au maire de l'époque, le pittoresque et corpulent Camillien Houde, répétant très fort pourquoi il s'opposait, avec Duplessis, à la venue d'artistes soviétiques.

Combien je regrette aujourd'hui de ne pas avoir. interviewé Monteux! Lors de notre brève conversation – au 400 Chez Lelarge, le «rendez-vous des artistes», rue Drummond –, il m'avait confirmé ce qu'on lit ici et là: «Le scandale du *Sacre*, c'était la chorégraphie. Nous avons rejoué la partition en concert l'année suivante, cette fois sans le moindre problème.»

Je me rappelle un autre détail aussi : «Nous, les chefs français, les maisons de disques ne nous laissent, de Beethoven, que les "petites" symphonies : 1, 2, 4, 8...»

KENT
NAGANO

(NÉ EN 1951)

Je l'ai peu interviewé parce que l'exercice s'est toujours avéré trop laborieux. Il hésite, cherche ses mots, tant en anglais (langue qui lui est pourtant familière) qu'en français, qu'il ne maîtrise pas suffisamment pour assurer une conversation normale, lui qui a pourtant vécu, et vit encore, en milieu francophone.

De Nagano, je dirais qu'il est un penseur de la musique plutôt qu'un interprète. Il a écrit un livre de 370 pages sur le rôle vital de la musique classique dans la société actuelle. Bravo !

Il vint à l'OSM d'abord comme chef invité – invité par Dutoit : 23 et 25 mars 1999, neuvième Symphonie de Mahler, seule œuvre au programme, 85 minutes sans entracte.

Le midi du 23, petite rencontre de presse. Concernant l'œuvre qu'il va diriger dans quelques heures : en connaît-il les deux enregistrements de Bruno Walter, disciple de Mahler ? Il ne connaît pas celui de 1938, seulement celui de 1961.

Le regard profond pendant qu'il écoute les questions, le nouveau venu ferme ensuite les yeux et prend un temps infini pour y répondre, comme s'il scrutait la mémoire des siècles passés.

A-t-il entendu des enregistrements de l'OSM ? Il ne s'en souvient pas... et tout à coup, oui, il se rappelle le *Daphnis et Chloé* de 1980.

Rien à retenir du reste de la conversation.

Mais il y eut le Mahler ce soir-là: triomphal. Et justifiant un retour, lequel ne put se faire qu'en 2003. Cette fois encore, une *Neuvième*, celle de Schubert. On connaît la suite: Nagano fut nommé à l'OSM le 2 mars 2004. J'avais annoncé la nouvelle «sous toutes réserves» le 20 janvier 2003.

Autre rencontre de presse, en 2006. Nagano vient de donner la *Passion selon saint Jean* de Bach. Pour simplifier, je passe à l'anglais. Est-il heureux (*happy*) du résultat? «Qu'est-ce que cela veut dire *to be happy*?»

On l'a emmené voir l'Amphithéâtre de Lanaudière, mais il ne se souvient de rien. Quelqu'un tente de le situer. Peine perdue. Mais il se rappelle avoir visité la basilique Notre-Dame.

La pochette de son enregistrement de la 6e Symphonie de Bruckner, qui vient de paraître, le montre en chemise, assis par terre.

– Ce n'est pas mon choix. Et ma femme déteste cette pochette!

– Imaginez Furtwängler ou Karl Böhm dans cette position...

Notre homme éclate alors d'un grand rire, comme un enfant.

ANDRÉ
NAVARRA

(1911-1988)

Le distingué violoncelliste à l'éternel fume-cigarette me reçut lorsqu'il vint donner, en première, ici, l'intégrale pour violoncelle et piano de Beethoven : avril 1965, au Plateau, en deux programmes, avec la pianiste Jacqueline Dussol, sa collaboratrice depuis 15 ans.

Navarra n'avait pas encore enregistré les Beethoven à ce moment-là. Mais il en connaissait deux versions : Pierre Fournier et János Starker. Sa préférence, après hésitation : « Fournier, incontestablement. Starker, c'est trop sec. »

– Qu'est-ce au juste que l'école française de violoncelle ?

– On me pose souvent la question. L'école française de violoncelle, eh bien, c'est une école qui n'est pas une école. On croit qu'il s'agit là d'une continuité. En fait, il s'agit presque d'un départ. Une école, ce sont des gens qui jouent de la même façon. Les violoncellistes allemands ont une école : ils ont presque tous la même technique. Mais nous, les Français : Fournier, Tortelier, Gendron, moi-même, il n'y en a pas deux qui aient la même technique. Nous n'avons pas eu en France de grands professeurs de violoncelle. Nous sommes tous à peu près des autodidactes.

Professeur de violoncelle au Conservatoire de Paris pendant 30 ans, M. Navarra aborde lui-même le sujet des bourses grâce auxquelles des élèves de partout au monde viennent travailler avec lui.

«Très souvent, c'est tout ce qu'ils apportent avec eux. Je pourrais vous citer deux cas de boursiers de votre pays qui n'auraient même pas pu être admis en préparatoire chez nous. Les gens qui octroient des bourses devraient être beaucoup plus sévères. Et il devrait y avoir dans les ambassades quelqu'un chargé de surveiller les études du boursier. Jamais votre ambassade ne m'a téléphoné pour savoir si tel ou tel boursier était assidu et appliqué, si c'était la peine de continuer à lui envoyer de l'argent. Les fondations américaines, elles, suivent les boursiers.»

YANNICK
NÉZET-SÉGUIN

(NÉ EN 1975)

Avec tout ce qu'il a accompli bien avant ses 40 ans, c'est une « biographie, volume 1 » que mérite le génial Yannick Nézet-Séguin. En attendant l'interview très détaillée et très approfondie qui prendrait plusieurs heures, je me limiterai à des opinions qu'il a exprimées, à un moment ou un autre, et qui ne peuvent, à son âge, avoir tellement changé.

Lorsqu'il donna les neuf Symphonies de Beethoven avec l'Orchestre Métropolitain en quatre programmes, en novembre 2005, je lui demandai dans quel ordre de préférence il les plaçait, lui, comme auditeur.

Voici son palmarès : « L'*Eroica* (la 3ᵉ) : la plus visionnaire. La *Neuvième* : la seule transposition orchestrale de ses derniers – et révolutionnaires – Quatuors. La *Pastorale* (la 6ᵉ) : pour son aspect "musique de chambre". La deuxième : elle contient de façon très concentrée beaucoup du drame de toutes les autres... La septième : une symphonie folle, délirante. La cinquième : je comprends qu'elle soit la "numéro 1" pour la majorité, mais elle va moins loin que d'autres dans des régions inexplorées. La huitième : une symphonie latente, comme si Beethoven préparait ses armes pour la *Neuvième*. La première : la seule qui soit vraiment classique. La quatrième : pour la concentration du langage... C'est un peu injuste, ces classements. Voici que je place la 4ᵉ en dernier, alors que je les adore toutes ! D'ailleurs, si on devait désigner le sommet du répertoire symphonique tout entier – allemand, français, russe, etc. –, ce serait l'intégrale des neuf Symphonies de Beethoven. C'est le compositeur qui a eu la plus grande influence en musique. »

L'année suivante, je lui demandai de me nommer les 10 compositeurs qu'il aime par-dessus tout. Dans l'ordre : Brahms, Mahler, Bruckner, Beethoven, Schubert, Bach (« ... que j'ai oublié et que je placerais plus haut, mais pas avant Brahms »), Berg, Debussy, Mozart, Chopin.

De Brahms, il dira encore : « C'est l'un des tout premiers compositeurs que j'ai connus. Quand je dirige cette musique ou que je la joue au piano, j'ai l'impression qu'elle est déjà en moi. Ça fait presque peur. Il y a là un équilibre entre l'intellectuel et l'affectif que je n'ai observé chez aucun autre compositeur à un tel degré de perfection. »

S'il avait à choisir entre le concert et l'opéra ? « Je ne pourrais pas vivre sans le symphonique. Je pourrais, à la limite, me passer de l'opéra. Mais je ne voudrais vraiment pas avoir ce choix à faire parce que les deux aident les deux. »

BIRGIT
NILSSON

(1918-2005)

La grande soprano suédoise, héritière de Kirsten Flagstad au royaume de Wagner, a chanté ici uniquement à l'Expo 67, et ce, quatre fois : dans *Tristan und Isolde* et dans *Elektra*, en concert avec l'Orchestre Philharmonique de Vienne dans le *Liebestod* du même *Tristan*, ainsi qu'au *Ed Sullivan Show* diffusé en direct de Montréal pour l'occasion.

La venue du populaire animateur américain et son équipe est précédée d'une conférence de presse un avant-midi sur le site même de l'Expo. Mme Nilsson sera là. Mais… c'est trop tôt pour l'oiseau de nuit que je suis. La chanteuse accepte de me recevoir à 13 h à son hôtel, le Bonaventure, et je lui fais livrer des fleurs. La moindre des choses ! En entrant dans sa chambre, j'aperçois un magnifique bouquet au centre d'une table.

– Ah ! vous avez reçu mes fleurs…

– VOS fleurs ? Elles m'ont été envoyées par ma maison de disques !

Je ne comprends pas – on réglera cela plus tard – et je procède à l'interview. À peine ai-je commencé que l'on frappe à la porte. Après les fleurs, le pot. J'avais oublié de prévenir Madame qu'un photographe viendrait. Elle n'est pas coiffée et refuse net de se faire photographier. J'ai envie de lui dire que, pour une bonne grosse fille de la campagne plutôt hommasse, cela n'a aucune importance. Mon silence est sans doute plus éloquent car elle accepte.

Je m'étais bien préparé, ce qu'elle a certainement senti, car elle m'a donné une très longue interview qui occupait une page entière du journal. Chaque phrase mériterait d'être reproduite. Il faut, hélas, nous limiter à quelques extraits.

« Il est normal que je sois moins connue que les interprètes du répertoire italien. Wagner est moins populaire et le sera probablement toujours. Les intrigues de *Tosca, Traviata* et *Bohème* parlent directement au cœur et à l'imagination ; de même, la musique se retient plus facilement. Wagner demande à l'auditeur beaucoup plus d'effort. Vous n'avez jamais fini de découvrir des beautés chez Wagner, tandis que *Traviata*, par exemple, quand vous avez écouté cela vingt fois, vous ne voulez plus l'entendre. »

Plus tard, elle dira pourtant : « Si vous passez votre vie à chanter du Wagner, votre voix a tendance à perdre sa malléabilité et vous vous apercevez que vous n'êtes plus capable de chanter autre chose. Or, j'aime beaucoup le répertoire italien. Et Mozart. Passer de Wagner à Mozart, c'est comme si, après avoir construit une maison de vos mains, vous entreprenez un travail d'horlogerie. Je viens d'en faire encore l'expérience en enregistrant, en l'espace de quelques semaines, Brünnhilde dans *Walküre* et Donna Anna dans *Don Giovanni*. »

Pour revenir au répertoire italien : Nilsson venait d'enregistrer *Tosca* avec comme chef Lorin Maazel, dont elle se dit déçue. « Il n'y a pas de grands chefs actuellement. Absolument pas. Vous en connaissez, vous, de grands chefs ? Parlez-moi de Furtwängler, de Bruno Walter, de Leo Blech, d'Erich Kleiber. Ce furent les derniers grands chefs. Que voulez-vous : aujourd'hui, tout le monde veut devenir une vedette en l'espace d'un soir. Les chanteurs, les chefs d'orchestre, tout le monde : ils veulent tous arriver rapidement, sans travailler. Ils sont incapables de refuser un contrat. Un jour, ils chantent à Vienne, le lendemain à New York, deux jours après ils commencent à enregistrer un opéra à Londres, reviennent en Amérique pour une tournée, retournent à Londres finir leur opéra. C'est de la folie. Et l'avion tue les voix. Autrefois, on voyageait par bateau. La voix se reposait ainsi pendant deux semaines. On est assoiffé d'argent, de gloire. Moi, je refuse ce système. La Scala voulait, elle aussi, que je chante à l'Expo. Imaginez : Turandot. Et Stockholm voulait me faire chanter Carmen ! J'aurais pu, à la rigueur. Mais il faut trop bouger. J'ai appris à bouger pour chanter Salomé. Ça suffit. Je ne pouvais tout de même pas passer l'été ici !»

Un mot sur le répertoire français, territoire pourtant étranger à Nilsson. «Le français est la plus belle langue du monde. Tellement plus belle que l'allemand, mais que je ne parle malheureusement pas. Je chante quelques mélodies, mais c'est tout. Il n'y a pas de rôle pour moi en français. »

✳✳✳

Non, je n'ai pas oublié les fleurs du début. En rentrant chez moi, vite, je téléphone au gérant de l'hôtel. Le vif échange, en résumé (*in English*, chose alors courante) :

– J'avais bien demandé que les fleurs soient déposées dans la chambre de Mme Nilsson avant 13 h.

– OK, OK. J'ai vérifié : ça vient d'être fait.

– Oui, mais c'est trop tard.

– Là, je vous dis qu'elle les a, ses fleurs ! (Pause) Mais enfin, qui est-elle, au juste ?

– Vous êtes non seulement incompétent, mais ignorant. Regardez le *Ed Sullivan Show* demain soir et vous le saurez !

JESSYE NORMAN

(NÉE EN 1945)

La plantureuse chanteuse afro-américaine *from Georgia* aux turbans multicolores nous a servi le meilleur et le pire lors de ses passages ici. Je retrouve quelques-uns de mes titres : « Prêtresse du chant » (à ses débuts, ici, en 1975), « Grande déception » (dès l'année suivante !), « Un soir mémorable », « Sublime ! », « Convaincante », « Triste... ».

Je lui ai parlé une ou deux fois, par hasard, car je le dis franchement : je n'ai jamais été intéressé à l'interviewer.

À l'occasion de l'un de ses derniers passages ici, pour un récital avec piano le dimanche 16 mai 1993, le magasin Archambault annonce une « signature de disques » pour la veille, samedi, entre 14 h et 16 h. Certains médias avaient demandé une interview. Refusé.

Le vendredi midi, Mme Norman fait savoir qu'elle recevra les journalistes « pendant 10 minutes, immédiatement après la séance ». Un petit effort, me dis-je. Archambault, ce n'est pas loin de chez moi. Et puis, il faut bien penser aux lecteurs...

Comme on s'en doute, la convocation de dernière minute, un samedi, tomba à plat : nous étions deux, l'autre étant la brave Marie Laurier, aujourd'hui décédée. Le dialogue (si j'ose dire) se déroule devant des douzaines de curieux retenus par un cordon de sécurité. Marie veut savoir quelle robe elle portera. « On verra ! » Je lui demande combien de rappels elle a préparés : « Peut-être 2... peut-être 14... »

Madame se moque visiblement de nous. Qu'elle sache bien que le sentiment est réciproque.

J'essaie encore : quand sortira son enregistrement de *Parsifal*? «Je n'ai absolument rien à voir avec les dates de sortie de mes disques. J'ai assez de les faire!»

Y a-t-il des chanteurs qui l'ont influencée? «Tous les chanteurs qui sont venus avant Jessye Norman et tous les chanteurs actuels.»

On se retient de rire. Le représentant de sa maison de disques demande : «Y a-t-il d'autres questions?» Je réponds le plus indifféremment du monde : «Mais il n'y a pas de réponses...»

La chanteuse jette au pauvre homme un regard de feu, se lève précipitamment et se dirige vers la sortie où l'attend une longue limousine noire.

Mon titre, cette fois : «Jessye Norman ou l'art de ne rien dire».

VLADO
PERLEMUTER

(1904-2002)

Français d'origine polonaise, Vlado Perlemuter a enregistré toutes les œuvres pour piano de Ravel, y compris les deux concertos, après avoir travaillé cette somme complète avec le compositeur. On en a fait l'élève de Ravel, son ami intime, le dépositaire de son style, bref son héritier spirituel.

Très modeste, l'homme tient à dissiper tout malentendu. «J'ai travaillé avec lui tout ce qu'il a écrit pour le piano, mais de là à dire que j'ai été son ami, non. Tout d'abord, une trop grande différence d'âge nous séparait. C'était en 1927: j'avais 22 ans, il en avait 52. Ensuite, Ravel n'avait pas, pour ainsi dire, d'amis. C'était un être fermé, distant. C'est pour trouver le calme qu'il avait choisi de vivre en dehors de Paris, à Montfort-l'Amaury. »

Près de 40 ans plus tard, en 1965, Perlemuter me parlait de Ravel...

– Je lui avais écrit pour lui demander de travailler ses œuvres avec lui. Il voulut savoir quelle œuvre de lui je travaillais. Je lui répondis : toutes. Je crois que cela lui fit un grand plaisir. J'ai étudié avec Ravel pendant six mois, à raison d'une leçon par semaine. C'était toute une aventure, dans ce temps-là, d'aller à Montfort-l'Amaury. Il n'y avait qu'un autobus par jour. Je partais le matin, parfois il me gardait à déjeuner, et je revenais ensuite. Ravel habitait seul avec une gouvernante et il voyait très peu de monde.

– Vous a-t-il donné des indications sur ce qu'il avait voulu dire, ou suggérer, ou évoquer, dans telle ou telle œuvre ?

– Non. Il s'en tenait à des indications très précises sur le mouvement, le phrasé, l'articulation. Ravel ne m'a jamais parlé du sens précis qu'il avait donné à l'une ou l'autre de ses œuvres.

– De quoi parliez-vous au déjeuner ?

– De choses et d'autres. Mais il ne parlait jamais de lui-même ni de ce à quoi il travaillait. Ces conversations ne m'apprenaient rien, à vrai dire…

– On cite parfois Ravel comme ayant dit : « Je ne souhaite pas que l'on interprète ma musique : que l'on se contente de jouer ce qui est écrit. »

– Il peut très bien, en effet, avoir dit cela. Vous venez de me demander si Ravel m'indiqua la signification de certaines de ses œuvres. Si, c'est arrivé une fois. Je jouais *Scarbo*. Il se promenait dans la pièce lorsque soudain il s'arrêta, me fixa du regard et me dit : « Après tout, ce que j'ai voulu faire ici, c'est une caricature du romantisme ! » Puis il continua à se promener et je l'entendis murmurer : « Et je me demande si je ne m'y suis pas laissé prendre… »

– Avez-vous entendu Ravel jouer des œuvres d'autres compositeurs ?

– Non, jamais. Il aimait beaucoup Scarlatti, Mozart et Chopin et il connaissait à fond tout l'œuvre pour piano de Liszt, qu'il tenait en très haute estime. Mais il ne m'a jamais parlé de Beethoven…

– Est-il exact que Cortot a fait un arrangement pour les deux mains du *Concerto pour la main gauche* ?

– Oui, et Ravel était très fâché. D'ailleurs, l'adjonction de la main droite ne facilite rien. Voyez…

Et le pianiste de m'illustrer au clavier ce qu'il vient de dire.

Vlado Perlemuter enseigna au Centre d'Arts Orford au début des années 60. En 1961, je l'entendis au Plateau dans le *Concerto pour la main gauche* et, en 1965, au Chalet de la Montagne, donc en plein air, dans l'*Empereur* de Beethoven. Son dernier passage ici : 1988, deux récitals au Festival de Lanaudière, à 84 ans. Triste fin : il fallait le conduire jusqu'au piano et il avait de la difficulté à jouer.

OSCAR
PETERSON

(1925-2007)

À l'été 1963, le réputé pianiste de jazz natif de Montréal enregistra avec son trio (contrebasse et batterie) une série de 13 émissions d'un quart d'heure chacune pour la télévision française de Radio-Canada, chaque quart d'heure comprenant un bref échange d'idées entre lui et le poète-jazzophile Yves Préfontaine.

Un midi, sous un soleil de plomb, dans la cour du Collège de Saint-Laurent où se déroulaient les enregistrements, l'imposant pianiste noir m'accorda une substantielle interview tout en dévorant un hot dog d'une main et ingurgitant une boisson gazeuse de l'autre.

Il faut d'abord se replacer dans un certain contexte. Longtemps négligé, voire décrié, le jazz connaissait alors un regain de ferveur ; en même temps, en certains milieux, on continuait à s'interroger gravement sur sa valeur artistique. C'est dans cet esprit qu'il faut relire mes questions... un demi-siècle plus tard.

– Monsieur Peterson, comment expliquez-vous ce grand intérêt pour le jazz que l'on remarque dans le public depuis quelques années ?

– Cela est dû, je pense, à trois choses : la musique que l'on sert au public est meilleure ; les musiciens sont plus compétents et de plus en plus nombreux ; enfin, l'équipement sur lequel les gens écoutent du jazz chez eux est également meilleur : haute-fidélité, stéréo...

– Quel musicien, selon vous, est à l'origine de cette recrudescence de popularité du jazz?

– Duke Ellington, incontestablement. Et aussi des chanteuses comme Ella Fitzgerald et Sarah Vaughan.

– Croyez-vous que le jazz soit, en ce moment, à un point tournant?

– Non. Le jazz reste et restera ce qu'il a toujours été. Il progresse d'une façon très normale et ne s'engage absolument pas dans une «nouvelle phase», comme certains voudraient le faire croire. Il y a actuellement dans le monde du jazz beaucoup d'expérimentateurs. C'est bien intéressant ce qu'ils font, mais ils passeront, comme toutes les expérimentations qu'ils font. Quand vous êtes vraiment profond, quand vous avez quelque chose à dire, vous n'avez pas besoin de recourir à toutes ces histoires-là.

– Que pensez-vous d'un groupe d'expérimentateurs comme le Modern Jazz Quartet?

– J'aime certaines des choses qu'ils font.

– D'après vous, combien y a-t-il de sortes de jazz?

– Il y a toujours eu plusieurs sortes de jazz. Il y en a deux principales: d'abord le jazz sophistiqué, en surface, soi-disant «intellectuel» ou «cérébral» (et ces termes, dans le cas présent, sont bien discutables!); ensuite le jazz plus rythmique, plus profond et plus spontané, comme celui que nous faisons... C'est ça, le vrai jazz, et c'est immanquablement vers celui-là, de toute façon, que l'on revient!

– Très objectivement, monsieur Peterson, croyez-vous que le jazz joué par les Noirs soit plus authentique que celui que jouent les Blancs?

– Non. Le jazz n'est aucunement une question de race, d'origine, mais avant tout une question de profondeur, d'inspiration. Il y a une quantité de groupes de musiciens blancs qui sont d'aussi authentiques jazzmen que les meilleurs musiciens noirs.

– Que pensez-vous de ces expériences qui consistent à incorporer du jazz à la musique dite classique, et vice versa?

– Beaucoup de ces expériences-là ont été faites dans le passé et il y en aura encore beaucoup. Mais je ne pense pas que cela apporte quoi que ce soit à l'un ou à l'autre genre. Ce sont deux arts de création absolument distincts l'un de l'autre. Il y a autant de différence entre le jazz et la musique dite classique qu'entre le jazz et le rock'n'roll.

– Que pensez-vous du rock et de son parent, le twist?

– Ce n'est pas de la création, ça: c'est de la musique manufacturée dans des bureaux!

– Combien existe-t-il de microsillons de vous, actuellement, sur le marché?

– Franchement, je l'ignore. Une vingtaine, je pense.

– Eh bien, je vais vous l'apprendre! Vous en avez 36. Tous sous étiquette Verve. Et votre préféré?

– Celui qui s'appelle *Trio*.

IVO
POGORELICH

(NÉ EN 1958)

Avant même ma première question, Ivo Pogorelich me demande de ne pas me servir de mon magnétophone. Le seul à le faire, avec Munch. « Je n'aime pas ces machines. Autrefois, les gens ne s'en servaient pas et ils travaillaient tout aussi bien. »

Je réplique : c'est tellement plus rapide et, surtout, tellement plus fidèle. Pogorelich insiste pour que je ne m'en serve pas. Comme il a accepté de me donner cette interview après avoir refusé la même chose à tout le monde, y compris la radio, je n'insiste plus, surtout que l'on m'avait prévenu : « Il est *très* difficile ! » Je ne veux quand même pas voir mon oiseau m'échapper pour une banalité.

Le grand vainqueur du Concours international de piano de Montréal de 1980, confortablement allongé à l'arrière-scène de la salle Wilfrid-Pelletier, vient de répéter le troisième Concerto de Prokofiev qu'il jouera le soir même au gala des gagnants. Il me fait signe de fermer la porte. « *That noise...* », se plaint-il. Le « bruit » en question, c'est le son qui vient de la scène où un autre lauréat répète son concerto.

Arrive le photographe, qui demande à Pogorelich de s'asseoir au piano. Autre refus. « C'est d'un commun... Je suis très à l'aise ici », fait-il savoir, en étendant ses longues jambes et en allumant une cigarette.

– Quand vous avez décidé de participer au Concours de Montréal, étiez-vous absolument sûr de remporter le premier prix ?

– Oui! (Le «*Yes!*» claque comme un tutti d'orchestre. On devine que l'interview s'est déroulée en anglais.)

– Et comment en étiez-vous *absolument* sûr?

– Je ne sais pas… Oui : dans ma façon de jouer, je le sentais. C'est un phénomène psychologique : vous sentez votre pouvoir et cette sensation vous donne la force nécessaire. (Pause) Il m'est impossible d'être deuxième dans quoi que ce soit.

Pogorelich arrivait directement de Moscou où il venait d'obtenir son diplôme du Conservatoire. Né à Belgrade, il n'a étudié le piano qu'à Moscou. «Dès l'âge de 11 ans», précise-t-il avec un geste très clair de la main : il veut que ce détail figure dans l'article.

Pogorelich m'a donné une heure d'interview, malgré la fatigue du voyage, le décalage horaire, la préparation à la compétition, sans oublier un mal de dents et une infection à un doigt (il me fait voir la cicatrice).

– Vous envisagez déjà la carrière…

– Oui, avec une certaine crainte. Il y a beaucoup de jeunes pianistes – je ne nommerai personne – qui donnent 120 concerts par année, soit un tous les trois jours, qui jouent aujourd'hui à New York et demain à Tokyo, qui ne peuvent concevoir une carrière n'incluant pas trois récitals par année à Londres. Moi, j'ai peur de ce genre d'activité. Il me semble qu'à un tel rythme on n'a plus le temps de penser à la musique. (Pause) Pour l'instant, je travaille à me constituer un répertoire…

Son regard s'illumine lorsque je mentionne les *Klavierstücke* de Stockhausen. Il enchaîne :

– ... et le *Ludus tonalis* de Hindemith. Ces musiques « cérébrales » ne m'effraient pas. Les compositeurs difficiles, pour le pianiste d'aujourd'hui, ce sont Beethoven et Chopin, en raison de l'équilibre à trouver entre la tradition et une approche moderne de ces musiques. Il n'est plus possible de jouer Beethoven dans le style de Schnabel ni Chopin dans le style de Cortot. Il faut de l'imagination pour jouer ces musiques-là aujourd'hui. Par exemple, il ne faut pas utiliser trop de pédale. Ces pianistes jouaient avec beaucoup de pédale et cela créait de la confusion dans la sonorité. Pour l'instant, le répertoire qui me fascine, c'est, par ordre, Bach, Haydn, Beethoven et Bartók. Schumann aussi. J'aime bien rester assez proche de Schumann tout le temps. J'ai nommé Bach en premier parce que j'aime la polyphonie... Non, je n'ai aucun scrupule à le jouer au piano !

– Vos préférences chez les pianistes ?

– Horowitz. C'est le plus important pianiste de notre époque, parce qu'il connaît toute la registration du piano et ses possibilités « orchestrales ». D'accord, je ne suis pas convaincu par son Beethoven. Mais c'est le maître du clavier. Nommez-en un autre ! (Pause) Oui, il y en a peut-être un autre : Glenn Gould. Et si on parle des pianistes d'avant notre époque : Rachmaninov. C'est le plus grand pianiste dont nous possédons des enregistrements. Nous n'en avons pas de Chopin ou de Liszt.

– Vous qui jouez le troisième Concerto de Prokofiev, connaissez-vous son enregistrement de 1932 ?

– Bien sûr. Intéressant... Intéressant parce que Prokofiev ne suit pas tout ce qui est indiqué dans sa propre partition !

FRANÇOISE
POLLET

(NÉE EN 1949)

Un disque Erato de 1989 de grands airs d'opéras français nous avait révélé cette authentique voix dramatique française que nous attendions depuis Régine Crespin et, pour remonter encore plus loin, Germaine Lubin.

Enfin, elle est là: Françoise Pollet. C'est Renée Maheu qui a apporté le fameux disque de Paris. Étonnement complet: tout un répertoire à peu près inconnu, mais combien fascinant, et une interprétation en accord. J'en parle au père Lindsay (comme je lui parle de bien des choses) et Renée, qui a l'oreille du père, lui fait entendre le disque. Il sourit de bonheur lorsque je me permets de penser tout haut: « Imagine, elle pourrait faire chez toi, à Lanaudière, ses débuts en Amérique... »

Il n'en faut pas davantage: le Festival annonce Françoise Pollet pour le vendredi 12 juillet 1991, à l'Amphithéâtre, avec l'Orchestre Métropolitain.

Deux problèmes surgissent. Tout d'abord, Pollet insiste pour chanter de l'allemand. Mais on finit par la convaincre de puiser au programme du disque qui l'a fait connaître. Des chanteuses qui font de l'allemand, il y en a tant que l'on en veut à l'OSM! Par ailleurs, devant l'ampleur du cachet qu'elle commande (sans oublier le mari, qui est aussi du voyage!), Lanaudière doit partager sa primeur avec Québec et Ravinia, où elle ira dans les jours qui suivront.

Lanaudière gardera quand même l'exclusivité des débuts sur ce continent.

Une rencontre de presse précède le concert de Lanaudière. La chanteuse vient de traverser l'océan pour la première fois et s'apprivoise au décalage de six heures. Je veux savoir s'il est vrai qu'elle a travaillé avec Crespin. «J'ai tout simplement eu un jour avec elle une longue conversation au téléphone après un concert qui m'avait valu une très mauvaise critique dans tous les journaux, comme quelque chose de concerté...»

Ses choix de répertoire : «Principalement la musique allemande. Parce qu'il n'y a pas en allemand, comme en français, ces liaisons qui brouillent le texte chanté. Il est difficile, quand on chante en français, d'être intelligible. Dans mon cas, c'est surtout à partir du *mi*.»

Françoise Pollet ne croit pas à l'existence, présentement, d'une école française de chant, mais voit plutôt deux principales écoles : l'allemande et l'italienne, illustrées respectivement, selon elle, par Christa Ludwig et Renata Tebaldi. «Finalement, résume-t-elle, chaque chanteur a sa propre technique. Mais tous les chanteurs ont la même façon de chanter, basée sur leur voix naturelle.»

Les noms de quelques collègues parsèment la conversation : Hermann Prey chante faux, Elisabeth Schwarzkopf est froide, Jessye Norman prononce mal le français, etc.

La réaction du public qui l'intéresse d'abord? «Quand on me dit que j'ai créé une émotion. C'est cela que je recherche. Qu'on me dise que la voix est belle, cela ne m'intéresse pas vraiment. Je connais mes possibilités.»

Elle insiste aussi sur la façon de s'habiller pour le concert. «C'est la première impression que le public a de vous.» Que notre chanteuse n'ait pas toujours suivi ses propres enseignements, c'est une autre histoire. «Permettez d'abord que j'enlève mes souliers!» lança-t-elle en arrivant à la réception que les deux sœurs Thibodeau donnaient chez elles, à Crabtree, après le concert de l'Amphithéâtre.

Trouve-t-elle scandaleux les cachets payés aux chanteurs pop, par rapport à ceux que reçoivent les chanteurs d'opéra? «Je trouve tout aussi scandaleux les cachets payés à certains chanteurs d'opéra!»

MAURIZIO
POLLINI

(NÉ EN 1942)

Le « cérébral » du piano, fils d'une grande famille milanaise, Pollini se révèle en interview tel qu'au piano : réservé, voire distant. L'une de nos secrétaires l'idolâtre : elle en fait presque une maladie. Pour lui faire plaisir (et l'impressionner !), je l'invite à m'accompagner à cette rencontre avec « l'inapprochable » où les invités se comptent sur les doigts d'une main.

Pour casser la glace, je me limite au minimum de présentation : « Voilà trois nuits qu'elle ne dort pas. » Le regard sceptique, Pollini commente, dans un joli français *all'italiana* : « *Jé* pense *qué* vous exagérez... »

Pollini possède un répertoire très vaste, qui s'étend de Bach à Luigi Nono, de Mozart à Bartók, en passant par Beethoven, Schubert et Chopin. Mais on cherche en vain deux noms dans son immense discographie : Tchaïkovsky et Rachmaninov. Je me doute pourquoi. Laissons-le expliquer.

« Tchaïkovsky et Rachmaninov, je n'aime pas assez pour justifier une étude et un contact prolongé avec cette musique. (Pause) Même à l'époque où j'ai gagné le Concours de Varsovie, en 1960, même à ce moment-là, Chopin n'était pas, comme on dit, mon "compositeur préféré". »

Lui arrive-t-il d'écouter d'autres pianistes ? Silence. Y en a-t-il qui l'intéressent plus que d'autres ? Hésitation. « Vous n'avez pas besoin de moi pour savoir quels sont les grands pianistes actuellement... »

Pollini finira par mentionner Brendel, Rubinstein et Glenn Gould (pour ses *Variations Goldberg*) et quelques pianistes du passé : Schnabel, Cortot, Backhaus et Fischer. Il s'attarde à Edwin Fischer, « dont le Bach pianistique est le seul que j'accepte ». Étrangement, il a peu à dire sur Michelangeli, avec qui il a travaillé un an. Fils de bourgeois, il reste vague sur son association avec Nono, militant communiste.

OTTO
PREMINGER

(1905-1986)

Couvrant aussi, à l'occasion, le cinéma, me voici à Toronto en novembre 1963 pour une avant-première privée de *The Cardinal*, le dernier film d'Otto Preminger, en présence du réalisateur.

Preminger n'a que quelques minutes à accorder aux journalistes. Je m'en console lorsque l'homme, à peine débarqué de Rome, nous apprend que le pape Paul VI l'a reçu pendant... six minutes exactement.

Son dernier film sortait au milieu d'une forte controverse où s'entrechoquaient bien des éléments alors tabous – et qui le seraient encore aujourd'hui, bien qu'à un degré moindre. Entre autres choses, le cinéaste y démasquait la sournoise diplomatie vaticane.

« Lorsqu'il apprit que je préparais ce film, le cardinal Spellman, de New York, chercha à entraver mon travail. Il s'imaginait que j'avais voulu le représenter sous les traits de mon héros. Je m'en fiche pas mal puisque la première mondiale aura lieu le 11 décembre à Boston (là où débute l'action), sous la présidence du cardinal Cushing, et la première à New York le lendemain en présence du maire Wagner. »

Comme il ne nous reste que quelques minutes d'interview, passons vite à autre chose. En 1963, le cinéma nageait en pleine Nouvelle Vague. Que pense M. Preminger de ce mouvement ?

« J'ai beaucoup d'affection pour ces jeunes réalisateurs. Leurs expérimentations sont très intéressantes et ils nous ont donné de très bonnes choses. La plupart ont été ou sont encore des critiques et ils écrivent des choses gentilles sur moi.

« Quand je suis en France, ils viennent me voir. Pour eux, je suis en quelque sorte un aîné vers lequel on se tourne… Mais je ne crois pas que la Nouvelle Vague soit, comme telle, une forme de cinéma. C'est un genre qui est né tout simplement du manque d'argent, du budget très limité des producteurs de ces films. Ce qu'ils réussissent à faire est admirable parce que s'ils avaient de l'argent, leurs films seraient probablement très conventionnels. »

L'homme qui a signé *The Moon is Blue, The Man with the Golden Arm* et *Carmen Jones* dit ne pas aimer le western. « J'ai touché au genre une seule fois : dans *River of no Return*, tourné dans l'Ouest canadien en 1954, avec Marilyn Monroe. Une charmante fille. »

Et, de tous ses films, celui qu'il préfère ? « Celui que je viens de terminer ou celui auquel je travaille. »

MENAHEM
PRESSLER

(NÉ EN 1923)

«Le phénomène Menahem». Cette allitération tentante mais justifiée coiffait l'interview que j'avais obtenue de Menahem Pressler à la veille de ses 90 ans.

Tout petit, rieur, vous sautant au cou pour vous embrasser, tel un bambin, voici pourtant l'un des musiciens les plus authentiques et les plus profonds que je connaisse. Sans oublier le record de longévité et de résistance que détient le pianiste, né en Allemagne un 16 décembre, comme Beethoven.

Professeur depuis plus de 60 ans à l'université de Bloomington, dans l'Indiana, Pressler continue de se produire en soliste tant en Europe qu'en Amérique, après plus d'un demi-siècle passé comme pianiste du Beaux Arts Trio. En fait, il est le seul «survivant» de la formation originale de 1955, qui allait connaître cinq violonistes et trois violoncellistes… et, de son propre aveu, quelques faiblesses dans les dernières années.

«Depuis la disparition du Beaux Arts, en 2009, je peux enfin poursuivre la carrière que j'ai toujours souhaitée, c'est-à-dire celle de soliste», observe-t-il au moment de partir faire ses débuts avec l'Orchestre Philharmonique de Berlin – à 90 ans, rien de moins.

D'où viennent donc cette énergie et cette lucidité qui étonnent tout le monde? «Je ne sais pas. Je m'en étonne moi-même! Cela vient probablement de l'immense joie que j'éprouve, et que j'ai éprouvée toute ma vie, à faire de la musique. Mon médecin me dit:

"Ils t'ont oublié, là-haut!" Je prends tout simplement soin de ma santé. Je ne bois pas, je ne fume pas, je mange légèrement et je dors bien : six ou sept heures par nuit. Vous pouvez ajouter que je ne porte pas de lunettes, que je conduis encore ma voiture, que je converse sur mon cellulaire et que là, je viens de changer mon ordinateur et me suis acheté un iPad. »

LOUIS
QUILICO

(1925-2000)

En 1965, notre baryton avait 40 ans, possédait déjà 79 rôles, et m'annonçait: «Je viens d'en laisser tomber une quarantaine, et presque tous pour la même raison. J'ai de l'intégrité dans mon métier et je n'ai plus le physique de certains emplois. Escamillo, par exemple. Un toréador doit être mince, léger, et je ne suis ni mince ni léger.»

Intégrité mise à part, Quilico réapparaissait en Escamillo de la *Carmen* de Bizet six ans plus tard, en février 1971, sans avoir perdu du poids. J'avais alors écrit: «Avec une corpulence pareille, on chante Falstaff, pas Escamillo.» (En passant, le gros Louis a aussi incarné Falstaff!)

Explication du «coupable» concernant Escamillo: «Ce n'est pas un rôle que je chante souvent parce que ce n'est pas un rôle que j'aime beaucoup. Vous savez, à côté de Rigoletto, de Scarpia, de Iago... Si j'ai accepté, c'est parce qu'on me paie bien! Je suis parvenu à un âge et un standing où je peux choisir mes opéras et les chanter où je veux... J'ai perdu beaucoup d'argent à Montréal avec l'opéra. On me devait bien ça!»

Le cynisme de Scarpia et de Iago, personnages auxquels il s'est identifié, a fini par déteindre sur ce brave homme sans méchanceté. Il se trouvait à New York lors de notre Crise d'octobre 1970. Sa réaction: «Pourquoi se séparer quand on parle un patois? Qui va nous comprendre?»

Je m'étonne aussi qu'il ne fasse pas davantage d'enregistrements. Ainsi, son fameux Rigoletto : il l'a chanté plus de 400 fois, mais aucune maison ne l'a invité à le fixer pour la postérité. « Les disques ? Je n'ai pas le temps. De toute façon, c'est une mafia, les disques. »

Mafia ou non, Quilico a fini par signer lui aussi une discographie imposante. Il suffit de consulter les catalogues.

TINO
ROSSI

(1907-1983)

Le beau Corse à la voix suave fit bien des ravages dans le cœur des jeunes filles, des mères et des grands-mères québécoises pendant la trentaine d'années qu'il nous visita. Son premier passage ici date de 1938, juste avant la Seconde Guerre mondiale ; son dernier, de 1966.

Cette année-là, un samedi matin, à son arrivée en gare Windsor, Tino fut accueilli par une horde de *groupies* ayant abandonné mari, marmots et lessive. Plusieurs, étrennant leurs chapeaux de Pâques, se faufilèrent ensuite à la réception privée donnée le lundi après-midi à l'Amicale corse.

On les voyait se coller sur lui, le dévorer des yeux, lui faire des mamours. Et Tino signait son nom machinalement et multipliait les poignées de main sans même remarquer les gens prosternés, pour ainsi dire, à ses pieds. À un certain moment, on a manqué de papier. L'une des *fans* a empoigné un paquet de serviettes de table et Tino a continué d'y apposer son nom. Quelqu'un a même dû demander au micro « qu'on laisse M. Rossi respirer ».

Personne, lui le premier, ne semblait se souvenir de la date exacte de son dernier passage ici. « Qu'est-ce que ça peut bien faire ? tranche une admiratrice. Pour nous, Tino, c'était hier, tellement il est resté le même. Et pourtant, ça fait un siècle que nous attendons son retour ! »

Au milieu d'un tel tsunami, difficile de lui parler et même de l'approcher. Avec beaucoup d'effort, je parviens à lui soutirer quelques observations dont celle-ci : «J'éprouve une certaine inquiétude devant la rapidité avec laquelle on bâtit les chanteurs aujourd'hui. C'est une gloire subite qui peut disparaître aussi rapidement qu'elle a été gagnée.» C'était en 1966. Cela pourrait avoir été dit aujourd'hui, 50 ans plus tard.

Et Tino Rossi de conclure : «Pour ma part, je suis touché de voir que, même en pleine ère rock, mon nom réussit encore à remuer les foules.»

MSTISLAV
ROSTROPOVITCH

(1927-2007)

Pendant plusieurs années le violoncelliste le plus célèbre du monde, Rostropovitch fut le premier musicien soviétique à se produire à Montréal. 1956 : Gilels, Kogan, Richter et les deux Oïstrakh n'étaient pas encore venus. Cette année-là, le vendredi 11 mai, un Rostropovitch de 29 ans et à peu près inconnu donna un récital avec piano au Plateau devant une demi-salle.

Il revint maintes fois : ici, à Québec, à Ottawa et au Festival de Lanaudière, tour à tour en récital, comme soliste de l'OSM et d'orchestres soviétiques en tournée, comme pianiste accompagnant sa femme, la soprano Galina Vichnevskaïa, et même comme chef d'orchestre.

Je ne l'ai pas connu alors qu'il était « soviétique », seulement après 1974, l'année où lui et Galina purent enfin quitter définitivement l'URSS. Devenu citoyen « capitaliste », avec des cachets grimpant de quelques centaines de dollars à 15 000 $ par concert, riant, gesticulant, n'ayant pas assez de mains à serrer et de visages féminins à embrasser, « Slava » (comme l'appelaient ses proches) parlait de musique un peu en dilettante et nous obligeait à tout vérifier : titres, noms, dates. Il était plus fascinant d'écouter l'homme encore blessé revenir sur les humiliations que lui avait fait subir le gouvernement de son pays.

« Quand je suis passé aux douanes soviétiques à destination de Londres, le 26 mai 1974, les agents m'ont fouillé pendant deux heures et demie et ont gardé toutes mes médailles : Prix Lénine, Prix Staline, etc. Mais ils n'ont pas compris la chose la plus importante : que tout mon monde, je l'apportais avec moi. Tout mon monde, c'est-à-dire mon amour pour Tchaïkovsky, Rimsky-Korsakov, Moussorgsky, mon amitié avec Prokofiev et Chostakovitch. Tout cela a traversé les douanes avec moi. »

On terminera sur une note plus drôle... comme l'était Slava. Par exemple, lorsqu'il parlait à quatre personnes en même temps tout en buvant son gin tonic ou qu'il essayait de dire quelques mots en français.

Il venait de créer une pièce qu'il avait commandée à Marcel Landowski.

– Quel en est le titre ? lui demandai-je.

J'ai le titre sur un bout de papier, mais je suis sûr qu'il l'a oublié. En effet...

– Le titre, c'est... c'est un très beau poème.

– Cela s'intitule *Un enfant appelle, loin, très loin*.

– Oui, oui, c'est cela : *ounn ann-fann...*

JOSEPH
ROULEAU

(NÉ EN 1929)

« Notre grande basse nationale ». Le surnom est pleinement mérité. Aucun Canadien appartenant à cette catégorie vocale n'a égalé Joseph Rouleau par la voix, le talent dramatique et la personnalité, sans oublier son empressement à soutenir causes et débutants en lesquels il croit.

En 1989, l'année de ses 60 ans, le Festival de Lanaudière, dont il fut l'un des premiers artisans, l'annonçait trois fois : au gala inaugural de l'Amphithéâtre le 17 juillet, dans une version concert du *Prince Igor* de Borodine le 22 juillet, et dans la rare cantate *L'Exécution de Stepan Razine* de Chostakovitch le 22 août, soit un mois plus tard.

Une sorte de « festival dans un festival ». Une interview s'imposait et, malgré l'énorme travail que lui demandaient ces trois engagements (à 60 ans, quand même !), Rouleau me reçoit chez lui et à son club de golf, à Beaconsfield. La rencontre dure six heures.

L'article devait faire la une du cahier Arts et Spectacles. Notre photographe avait même réalisé un superbe portrait tout en largeur de Rouleau dans son jardin, le bras étendu contre un arbre. Au dernier moment, l'un de nos zélés « directeurs » décide de donner la vedette à une petite chanteuse locale pop (ou pop locale, tout dépend...) qui venait de pondre je ne sais quoi et dont on n'a d'ailleurs plus jamais entendu parler. Résultat : l'article sur Rouleau commence modestement sur une colonne à la une et la plus grande partie est renvoyée à l'intérieur.

J'ai raconté le détail à Rouleau et lui, que certains disent vaniteux, n'a pas semblé déçu. Je l'étais cent fois plus que lui !

Sur son métier en général, il m'a dit notamment ceci : «J'essaie toujours d'aller au bout. Je me donne à 200 pour cent. Je considère que le chanteur doit amener le public à vivre ce qu'il vit lui-même. Ce public, il doit l'*hypnotiser*. Même aux répétitions, je chante à pleine voix. Je ne suis pas capable de répéter à moitié. »

On n'associe absolument pas Joseph Rouleau à Wagner. Et pourtant... «J'aime énormément Wagner. Mais Wagner pousse constamment la voix à son maximum. D'ailleurs, en général, ceux qui chantent Wagner ne chantent bien que cela. Moi, je voulais embrasser un répertoire plus vaste et, surtout, je voulais chanter longtemps... J'ai donc renoncé à cette musique. Solti et John Culshaw voulaient que je chante Hagen dans leur enregistrement de *Götterdämmerung* et ils m'ont fait travailler le rôle six mois. Mais ça ne marchait pas... »

Ses préférences chez les chanteurs : Maria Callas, Renata Tebaldi, Joan Sutherland, Giulietta Simionato, Jon Vickers, Giuseppe di Stefano, Tito Gobbi, Boris Christoff, Ezio Pinza. Il a chanté avec eux, les a bien connus ou les a entendus de la salle.

ARTHUR
RUBINSTEIN

(1887-1982)

Homme du monde, jovial, fin causeur et parlant un parfait français en roulant légèrement les «r», Arthur Rubinstein (et non «Artur», une erreur de son agent) m'a accordé plusieurs interviews, dont une, faute de temps, dans la voiture qui le ramenait à l'aéroport de Dorval. En arrivant à destination, je vois que je n'avais pas consulté une seule fois mon calepin de questions: Rubinstein avait parlé sans arrêt.

Une autre fois, avant même que j'aie le temps de me présenter, il m'expédie au bout de la ligne: «Désolé, je n'ai pas une minute à vous consacrer!» À une autre occasion: «Venez, nous allons causer.» Et il me parla pendant une demi-heure.

Presque tout ce que disait Rubinstein est à retenir. Quelques morceaux choisis:

Je lui montre deux enregistrements différents du premier Concerto de Brahms qu'il a signés à dix années d'intervalle et lui demande lequel il préfère. «Ni l'un ni l'autre. Ce n'est pas une boutade. J'adore travailler pour le disque, mais ça m'effraie de penser qu'une interprétation est là, figée à jamais. Oui, parce que mes interprétations changent constamment. C'est normal: moi aussi, je change. En quatre ou cinq mois, mes interprétations changent. Sans rien modifier au texte, il est possible de lui apporter chaque fois quelque chose de différent. Il n'est pas plus possible de jouer une œuvre deux fois de la même façon qu'il est possible de demander à Picasso de peindre le même tableau deux fois de la même façon.

Je suis assis à une terrasse de café et tout à coup, je pense : "Tiens, le début de l'*Appassionata*, c'est comme ça qu'il faut l'amener..." C'est pour cela que je refais mes disques constamment. Et jamais je n'écoute les premières versions avant d'enregistrer à nouveau. Je repars à zéro. »

« Chaque concert est pour moi un nouveau début. Et quand c'est fini, j'oublie complètement. Ainsi, je jouais à Baltimore hier... ou plutôt avant-hier, mais pour moi, ça fait cent ans.

« J'adore les gens. Je suis toujours très flatté... non, "flatté" n'est pas le mot : touché, oui, je suis touché lorsque des gens veulent me parler, touché de voir qu'ils vont, par un soir de tempête, quitter leur demeure et payer pour m'entendre, moi, pendant deux heures...

« Je ne pratique jamais. Mais non, je ne pratique jamais ! Prenez, l'autre soir, la Sonate en fa mineur de Brahms. J'ai joué ça cent millions de fois. C'est tellement imprégné là, et depuis si longtemps ! Il y a des pianistes qui font des gammes plusieurs heures par jour. Moi, j'en suis incapable. Ça m'emmerderait d'entendre tout ce bruit. Je ne serais plus capable, après, de faire de la musique.

« L'interprétation définitive, ça n'existe pas. C'est une utopie. La musique change avec l'interprète. Vous avez 3 000 personnes qui écoutent un concert. Eh bien, la même musique est 3 000 fois différente. »

Et encore...

– Vous n'avez jamais enregistré les 24 Études de Chopin...

– C'est beaucoup trop difficile !

– Et le secret de votre vitalité ?

– Vous savez, si j'en connaissais la formule, je la vendrais !

PAUL
SACHER

(1906-1999)

Il fut très certainement le mécène le plus important de l'histoire musicale : près de 300 commandes à Bartók, Honegger, Stravinsky, Britten et combien d'autres. En épousant, à 28 ans, l'héritière du géant pharmaceutique suisse Hoffmann-La Roche, Paul Sacher avait épousé l'argent. Et pourtant, j'avais noté qu'il portait des chaussures usées. Comme quoi toute sa fortune allait à la musique !

D'abord chef d'orchestre, il était venu à l'Expo 67 avec le Collegium Musicum de Zurich, orchestre de chambre qu'il avait fondé en 1941. Il revint en 1994, cette fois à l'invitation de l'Université McGill, pour diriger l'orchestre et les chœurs de la vénérable institution dans un programme Honegger comprenant la cantate sacrée *La Danse des morts*, qu'il avait créée en 1940.

La visite de Sacher comportait aussi, et avant tout, la remise d'un doctorat *honoris causa*. Jeu de mots mis à part, on devinait quelque anguille sous cette royale invitation. Mais de don princier à McGill, il n'y eut point.

Une rencontre de presse révéla un homme peu sympathique, plutôt fermé et réservé, très réticent à parler de lui-même et de son mécénat.

– Il faudrait rédiger vos mémoires…

– Je veux vivre ! Mon avenir m'intéresse plus que mon passé.

M. Sacher avait à ce moment-là 88 ans…

– Dans son récent ouvrage sur Honegger, Harry Halbreich mentionne votre nom 93 fois.

– Vous connaissez ma vie mieux que moi !

– Cela est possible... Et la musique qui se compose aujourd'hui ?

La réponse vient sur un ton d'impatience :

– Tout ce qui vit maintenant et qui compose ! Ça ne se terminera jamais...

– Et en musique ancienne, le retour systématique aux instruments d'époque ?

– Aujourd'hui, il semble y avoir un orchestre à vie pour chaque compositeur ancien. Notre bonheur ne dépend pas des instruments, mais de la musique. (Pause) Parfois, je regrette les *Brandebourgeois* de Furtwängler avec le Berliner Philharmoniker...

– La commande dont vous êtes le plus fier ?

– Je ne suis pas « fier » ! Je suis plutôt heureux d'avoir commandé la *Musique pour cordes, percussions et célesta* à Bartók.

– Pourquoi n'avoir fait que deux commandes à Stravinsky ?

– Parce qu'il était difficile. Et qu'il aimait l'argent !

SIR MALCOLM
SARGENT

(1895-1967)

Le cadet de la famille des légendaires «Sirs» chefs d'orchestre d'une autre époque, avec Beecham, Boult et Goossens. Et quelle énergie! Mars 1966. Personne ne pouvait se douter qu'il allait mourir un an après notre rencontre.

Sir Malcolm est venu pour deux concerts à l'OSM et rentre à Londres immédiatement après. L'accueil est plutôt inhabituel: «Donc, vous voulez m'interviewer... Je n'ai pas beaucoup de temps. Plus tard? Je n'aurai pas le temps non plus. Alors, faisons ça tout de suite, mais vite, si vous voulez bien... Voyons, qu'est-ce que vous voulez savoir? Allez-vous reproduire tout ce que je vous dis ou allez-vous imaginer ce que vous auriez voulu que j'aie dit?... Ça arrive souvent, dans le monde journalistique! En tout cas, ça m'est arrivé souvent de me faire jouer ce tour-là!»

L'homme reprend son souffle et poursuit:

– J'ai dirigé plusieurs fois à Paris, mais je parle très peu le français. Vous parlez bien l'anglais, alors faisons ça en anglais, ça ira plus vite.

– Une comparaison entre les orchestres que vous avez dirigés un peu partout?

– Impossible pour moi de répondre à cette question. Je suis appelé à les diriger tous. Comment pourrais-je ensuite me présenter devant un orchestre dont j'ai dit du mal? (Pause) Au fond, un orchestre, c'est comme un cheval. Le cheval est bon si le jockey est bon. Si le cheval est monté par un mauvais jockey, il perdra la course… et si l'orchestre est dirigé par un mauvais chef, le concert sera moche.

— Quels sont les compositeurs les plus intéressants, aujourd'hui, en Grande-Bretagne ?

— Je ne répondrai JAMAIS à une telle question ! Je n'aime pas faire de personnalités.

— Il n'est pas question de personnalités. Je vous parle du mérite de chacun, comme compositeur.

— Disons que Britten et Walton sont les plus intéressants.

— Et vos projets de disques ?

— Je ne rêverais même pas de répondre à pareille question. Aucun artiste ne dévoile ses projets de disques !

— Au contraire, tous les artistes que j'interviewe me font part de leurs projets de disques. Vous êtes le premier à refuser.

— Non, je ne peux pas dire quels seront mes prochains enregistrements : ce serait trop facile pour une maison rivale de voler le projet.

— Décidément, je n'aurai pas grand-chose à mettre dans mon article !

— Bravo ! Comme ça, nous n'aurons pas d'interview !

Sir Malcolm me parlera quand même suffisamment pour remplir une demi-page du journal ! Retour aux compositeurs britanniques…

– J'ai nommé Britten et Walton. Je voudrais parler aussi d'Elgar, Holst, Vaughan Williams et Delius. Ce sont les six grands compositeurs du siècle, en Grande-Bretagne. Je les ai tous connus. Ce sont des maîtres. Ils ont écrit des œuvres qui vivront aussi longtemps que la musique elle-même. Nous en avons des douzaines d'autres, mais ils sont sans intérêt.

Sir Malcolm continue à me parler de ce qu'il aime et semble avoir complètement oublié qu'il est en train de me donner une interview !

ELISABETH
SCHWARZKOPF

(1915-2006)

Après avoir donné trois récitals à Montréal, Elisabeth Schwarzkopf revint pour trois émissions de télévision, la dernière en 1969. Le réalisateur, Noël Gauvin, m'avait promis une interview avec la célèbre chanteuse – nous avions prévu une première page –, mais, chaque jour, la réponse demeurait la même : Mme Schwarzkopf s'enferme dans sa chambre du Ritz, elle se fait monter ses repas, ne veut voir personne et ne quitte l'hôtel que pour se rendre au studio, à la Cité du Havre.

Le quatrième et dernier jour (un vendredi), je lance un ultimatum. Je savais que Gauvin et deux membres de son équipe allaient la reconduire à l'aéroport de Dorval. Je lui téléphone. « Tu m'avais promis... Écoute : je monte avec vous, je fais mon interview dans la voiture et, au moindre signe d'impatience de Mme Schwarzkopf, je descends et je me débrouille pour revenir en ville. »

Le *deal* est accepté. Nous allons d'abord cueillir Madame au studio où le tournage achève. La digne Maréchale « perruquée » de *Rosenkavalier* disparaît pour nous revenir quelques instants après en simple *Hausfrau*.

Pour remercier Madame, je lui présente une énorme boîte de ces irrésistibles friandises multicolores en gelée de Laura Secord. Elle a dû me remercier, je ne m'en souviens pas. Je prends place à côté d'elle et j'ouvre mon magnétophone. Dans un anglais joliment teinté d'accent germanique, elle répond à toutes mes questions avec grâce et, surtout, avec une telle abondance de détails que le résultat monopolise une page entière de journal.

Quelques extraits... «Je préfère la scène de *Rosenkavalier* que nous venons de terminer au film que j'ai tourné en Europe il y a quelques années parce que ma conception du rôle a changé. Ma Maréchale était autrefois assez amère. Maintenant, elle est plus aimable : elle sait qu'elle n'en est pas à sa dernière aventure amoureuse... »

De la Maréchale, elle dira encore : «Je crois que c'est mon rôle préféré. De tout le répertoire d'opéra, c'est le seul rôle qui bénéficie du lied, parce que vous avez là une union absolument parfaite des paroles et de la musique. C'est réellement le discours mis en musique. La déclamation y est tellement importante que si vous chantez l'œuvre dans une autre langue, elle perd toute sa signification. Vous devez donner à chaque mot sa couleur bien particulière, exactement comme lorsque vous parlez. »

Avons-nous oublié l'interprète de Mozart ? Le lien se fait tout naturellement. «J'ai eu la chance, toute ma vie, d'être une interprète de Mozart et une interprète de Richard Strauss. Par une curieuse chimie, les deux styles conviennent très bien à la voix de soprano. Les deux compositeurs écrivent mieux pour la voix de femme que pour la voix d'homme. Généralement, les chanteuses mozartiennes deviennent des interprètes de Strauss. C'est normal : Mozart fut le plus grand amour dans la vie de Strauss et Strauss fut l'un des plus grands chefs mozartiens de tous les temps. »

À son goût, *Così fan tutte* est «le plus parfait» de tous les opéras de Mozart ; elle le place même au-dessus de *Don Giovanni* et *Le Nozze di Figaro*. «C'est plus que du chant, plus que du théâtre : cela doit être monté comme un ballet ! »

Schwarzkopf m'a aussi parlé longuement de son mari, Walter Legge, directeur artistique chez EMI. «C'est lui qui m'a faite ce que je suis. L'oreille la plus crainte et la plus respectée du métier, refusant tout compromis, il s'attira naturellement bien des ennemis. Il n'hésitait pas à corriger Kirsten Flagstad s'il le jugeait nécessaire. Et Gerald Moore lui doit tout. Mais Moore est beaucoup trop vain pour l'avouer...»

La chanteuse parle rapidement et sur un ton toujours très affirmatif. Elle conclut : «Je ne chante jamais, jamais, jamais pour l'auditoire. C'est l'auditoire qui doit venir à vous.»

Nous arrivons à l'aéroport. Madame tient précieusement la boîte de bonbons dans ses mains et me tend un sac très lourd. «Prenez ceci !» Ce sont ses bijoux. Elle terminait une tournée de cinq semaines en Amérique.

Madame n'a rien mangé de la journée et se meurt de faim. Les restaurants de l'aéroport sont tous bondés (c'est le week-end de la fête du Travail) et tout ce que nous trouvons, c'est une petite table au fond d'un bar sombre, enfumé et bruyant. Affamée et oubliant les «belles manières», Madame ouvre la boîte de bonbons et en vide la moitié !

Son dernier passage ici, en 1975, n'attira qu'une demi-salle. Les mélomanes juifs brillaient par leur absence. Le passé nazi de Schwarzkopf n'était alors connu que dans certains milieux. En 1969, l'année de mon interview avec elle, on ne savait rien de tout cela. Les journaux ne commencèrent à en parler que dans les années 80. Tant mieux pour moi, car si j'avais osé aborder le sujet, Mme Schwarzkopf m'aurait certainement demandé de descendre !

RENATA
SCOTTO

(NÉE EN 1934)

On disait « l'autre Renata » : c'était l'époque où sa plus célèbre aînée, Tebaldi, vivait encore. Renata Scotto n'a chanté à Montréal que deux fois : en 1966 dans *La Traviata*, lors d'un Festival Verdi monté par un imprésario local avec le Teatro Regio de Parme, et l'année suivante, à l'Expo 67, dans *I Capuleti e i Montecchi* de Bellini, avec La Scala de Milan et un Pavarotti alors inconnu, en second ténor.

L'OSM l'avait promise en concert en 1975, mais elle se décommanda. Presque 20 années après l'Expo, le jeudi 21 août 1986, au Festival de Lanaudière, elle chanta avec l'Orchestre Symphonique de Québec dirigé par Raffi Armenian à la Cathédrale de Joliette. Il existe une vidéo de ce concert qui la trouva dans une forme étonnante.

Scotto était arrivée le dimanche précédent et j'étais allé l'accueillir à l'aéroport avec des gens du Festival. Elle n'est pas là. On cherche, on téléphone. Madame est retenue à l'immigration pour une question de permis de travail. Finalement, la voici, toute menue, derrière de petites lunettes, et souriante malgré tout. « Ils sont drôles, vos agents ! On m'a demandé : Votre occupation ? J'ai dit : Musicienne. Réponse : Où est votre instrument ? »

Autre problème : son manager ne l'avait pas informée qu'un journaliste l'interviewerait à son arrivée. Elle semble habituée et ne perd pas son sourire. Et hop ! tous dans la voiture, en route vers Joliette, avec un crochet par Montréal où je descendrai. Durant tout le trajet, impossible de poser la moindre question. La chanteuse s'informe jusque dans les moindres détails des conditions qui l'attendent dans ce Joliette dont elle n'a jamais entendu parler : le temps qu'il fait là-bas, l'hôtel, la nourriture, l'horaire des répétitions, le chef... et même la distance qu'il faudra encore parcourir avant d'arriver à destination.

Le lendemain, lundi, on la ramène à Montréal pour une conférence de presse en présence du père Lindsay. Elle semble d'abord amusée qu'un homme d'église dirige un festival – «L'habit ne fait pas le moine...» observe-t-elle en français – puis nous parle de ses prochains engagements au Met, de ses futurs enregistrements et, surtout, de ses «chères *master classes*» qui la conduisent jusqu'au Japon et en Corée.

«Je n'enseigne pas à chanter. Aujourd'hui, il y a partout des gens qui font très bien cela. J'enseigne aux chanteurs à communiquer, à comprendre la signification des mots.»

En nous quittant, elle m'offre son autobiographie, *More Than a Diva*, en précisant, toujours avec le même sourire, que c'est le seul exemplaire qu'elle a apporté avec elle... Ce livre, elle me l'autographiera à son retour en 2012 comme juge au Concours international de chant.

D'une certaine façon, ce livre est unique. Le ténor «inconnu» mentionné plus haut est vite devenu célèbre... très célèbre. Dans le milieu, tous savent que Scotto a eu bien des démêlés avec lui. Mais elle ne le nomme jamais. Il est simplement «un certain ténor» et ne figure pas dans la liste des noms cités. Mieux encore : dans la discographie, il n'y a plus de Tebaldo dans le Bellini de l'Expo ni de Riccardo dans *Un Ballo in maschera*... et il n'y a plus d'Edgardo dans le *Lucia di Lammermoor* de 1968, alors qu'il y en a un (Giuseppe di Stefano) dans celui de 1959.

RAVI
SHANKAR

(1920-2012)

Pour commencer, un important «ne pas confondre». L'instrument qui accompagna Ravi Shankar toute sa vie n'était pas la cithare mais le sitar. La cithare est une sorte de «guitare sur table» aux multiples cordes, jouée par Anton Karas dans le film *The Third Man* de 1949, alors que le sitar, semblable à un luth à long manche, appartient à la plus ancienne culture musicale de l'Inde.

En 1969, Ravi Shankar n'en était pas à son premier passage ici (cette fois pour cinq récitals en un week-end); ce n'était pas non plus la première fois qu'il devait faire une ou deux mises au point sur divers sujets.

Ainsi, sur son association avec les Beatles et l'utilisation par eux du sitar dans certaines de leurs chansons: «Au début, mes adeptes ont craint que mon art ne se commercialise ainsi. Heureusement, les choses se sont tassées. Je fais des tournées en Europe depuis une douzaine d'années et j'y ai joué devant des salles combles bien avant les Beatles. Autrement dit, la musique de l'Inde n'a pas été découverte par eux!»

Plus importante encore, cette autre mise au point que l'on devrait plutôt appeler mise en garde: «Cela me fait mal, je me sens même trompé, lorsque je vois des gens écouter ma musique sous l'effet des drogues hallucinogènes, l'œil vitreux. Il me semble que notre musique est suffisamment excitante sans cela. Je joue une note et ils en entendent dix!»

DIANA
SOVIERO

(NÉE EN 1946)

L'ancienne «star en résidence» de l'Opéra de Montréal boule-versait 3 000 personnes chaque soir par l'incroyable vérité de son jeu. Son Adriana, sa Fedora, sa Violetta, ses deux Manon... Qui, aujourd'hui, nous amène aussi loin?

Le sang de l'opéra italien coule dans ses veines depuis toujours. Son arrière-grand-père Catani était altiste dans l'orchestre de Mascagni, l'auteur de ce chef-d'œuvre du *verismo* qu'est *Cavalleria rusticana*.

Quand même... Un jour, j'ai passé deux heures face à face avec Diana pour savoir comment elle parvenait à se confondre avec le personnage qu'elle incarnait, au point d'oublier sa propre personnalité. On pleurait dans la salle et on savait que Diana pleurait elle aussi, là-bas, sur le plateau!

Elle me regarde droit dans les yeux et se rapproche, comme pour me confier un secret. «Un jour, ma mère m'a dit: "Tu es possé-dée. Je te regardais et ne te reconnaissais pas. C'était comme si tu avais prononcé des vœux!" Elle venait de me voir dans *Suor Angelica*. J'ai étudié l'art dramatique quelque temps, mais mon métier d'ac-trice, je l'ai appris toute seule. Je donne tout ce que j'ai. Tout. Je perds d'ailleurs plusieurs livres à chaque représentation.»

L'explication ne me convainc pas encore autant que ce que je vois au théâtre. Diana poursuit: «Je vis toute la journée avec le per-sonnage que je vais jouer le soir, et même plusieurs jours avant la première. Le personnage habite en moi par la musique, qui me trotte sans cesse dans la tête. Une fois sur scène, j'ai devant moi un chef qui bat la mesure, un orchestre de 65 musiciens et 3 000 regards. Je ne les vois même pas ! Je suis devenue quelqu'un d'autre. Je suis ailleurs... et ils me suivent ! Et, en même temps, je ne dois rien oublier de ce qui se passe autour de moi. Il faut six cerveaux pour faire ce métier-là ! C'est comme conduire une voiture. Vous devez vous occuper du type en avant, du type en arrière, de l'enfant qui traverse sans regarder. (Pause) En passant : oui, je conduis une voiture ! »

Diana Soviero n'a jamais été reconnue à sa juste valeur. D'autres, bien inférieures, ont beaucoup plus de succès. Son explication : « Je ne fais pas dans les combines, je ne fais pas partie du clan qui enregistre pour les grandes marques. Je préfère mon indépendance. Je fais mon travail et je rentre à la maison. »

JÁNOS STARKER

(1924-2013)

Pas facile d'accès, l'immense violoncelliste hongrois aux yeux perçants. Professeur redouté autant que recherché, il ne pardonnait aucun amateurisme et n'admettait aucune erreur chez ses élèves. Lui-même incarnait ce en quoi il croyait : jeu exempt de toute faiblesse, sonorité parmi les plus belles qui soient. Bref, il ne se trompait jamais.

Sauf une fois... en 1979. Il venait de jouer le Concerto en si bémol de Boccherini, y insérant des cadences inconnues. Après sa sortie de scène, je cours à l'arrière pour obtenir les précisions qui, comme presque toujours, ne figuraient pas dans le programme. « Les cadences que j'ai jouées ce soir sont, comme sur mes disques, de Pal Hutter, le plus grand violoncelliste de tous les temps. »

Je rappelle à M. Starker qu'à son dernier passage à Montréal, en 1973, il avait joué le Concerto de Hindemith et *Voice in the Wilderness* de Bloch, œuvre beaucoup moins connue que *Schelomo*, du même Bloch.

– L'année, je ne me souviens pas. J'avais joué le Hindemith, oui. Mais le Bloch, c'était *Schelomo*, pas *Voice in the Wilderness*.

– Les cadences dans le Boccherini, je veux bien... Mais pour *Voice in the Wilderness*, je suis absolument sûr. J'ai retrouvé mon article cet après-midi même.

– C'est *Schelomo* que j'ai joué, pas *Voice in the Wilderness*.

Chacun s'entête pendant une bonne minute. En blaguant, je parie 1 000 dollars que j'ai raison et M. Starker me donne la main. Il renchérit : «Voulez-vous savoir pourquoi je n'ai pu jouer *Voice in the Wilderness* à Montréal ? C'est parce que je n'ai jamais joué cette œuvre en public.»

Voici donc que le violoncelliste a enregistré l'œuvre mais ne l'a jamais jouée en public... C'est bien possible. Couvert de honte, je cours chez moi, plonge dans mes dossiers et retrouve ceci : OSM, 10 et 11 avril 1973. Direction : Franz-Paul Decker. Soliste : János Starker, violoncelliste. Au programme : le Concerto de Hindemith et *Voice in the Wilderness* de Bloch.

Je retrouve aussi ma critique. Plus encore : l'archiviste de l'OSM me fournit une photocopie du programme et j'expédie le tout à M. Starker, à son domicile dans l'Indiana, où il enseigne.

Quelques jours plus tard, je reçois une lettre dans laquelle il se confond en excuses et m'annonce la livraison imminente d'un «*token of penitence*». Le *token* suit peu après : un magnum de champagne, que je m'empresse d'offrir à des amis pour qu'ils en fassent l'attraction principale d'un bon gueuleton. Ils n'ont jamais su d'où venait le *token*. Simplement, au moment de lever leurs verres (je n'aime pas le champagne !), j'annonce solennellement : «Celui qui vous offre ce nectar entre probablement en scène au moment où je vous parle.»

ISAAC
STERN

(1920-2001)

« *Thanks for Carnegie Hall.* » C'est ce que je répétais à Isaac Stern chaque fois que je le rencontrais. Ou bien, c'était, plus simplement, « Merci pour le Carnegie Hall », car le célèbre violoniste et homme du monde parlait parfaitement français.

Et pourquoi la référence à Carnegie ? Parce que Stern déclencha en 1960 une vigoureuse campagne qui empêcha la démolition de l'emblématique salle new-yorkaise, l'une des plus belles du monde et l'une des plus riches sur le plan historique, cette salle où défilèrent Tchaïkovsky, Richard Strauss et Gustav Mahler, entre autres sommités.

« En sauvant le Carnegie Hall, m'expliquait Stern, j'ai voulu préserver non seulement une salle qui est acoustiquement l'une des meilleures qui soient, mais avant tout une idée, un symbole, le véritable berceau de la culture musicale américaine. »

C'est là, à mon sens, le plus grand accomplissement de toute la carrière d'Isaac Stern. Car il faut bien le reconnaître : comme violoniste, il était inégal ; à son mieux, je dirais même inférieur à Heifetz ou Milstein. Il était humaniste, polémiste, pédagogue, philanthrope, diplomate, conteur et, après tout cela, violoniste. Actif comme dix pour défendre des causes qui lui tenaient à cœur, il pouvait être paresseux comme un mauvais élève quand venait le temps de prendre son violon et travailler.

Une réédition de ses meilleurs enregistrements, ceux des années 1940-1950, m'avait inspiré ce commentaire : « À ce moment-là, Stern se contentait de quatre cordes à son violon… » L'homme était pourtant fort sympathique, brillant, cultivé, amusant. Il joua ici une trentaine de fois et participa au tout dernier concert que l'OSM donna au Plateau, le 25 avril 1963, avant le grand départ pour la Place des Arts. Avec Zubin Mehta au pupitre, il joua le Concerto de Brahms et l'*Introduction et Rondo capriccioso* de Saint-Saëns.

Après un récital à Wilfrid-Pelletier, en 1966, je me retrouve, je ne sais trop par quel hasard, dans sa loge parmi une quarantaine de personnes. Tout en causant tour à tour en quatre langues avec les gens qui se pressent autour de lui, il me parle de ses récentes tournées et des prochaines, de ses futurs enregistrements…

– Lequel de vos disques préférez-vous ?

– Le prochain.

– L'œuvre que vous aimez le plus ?

– Celle que je suis en train de jouer.

– Quel public préférez-vous ?

– Celui devant lequel je joue.

– Les voyages vous fatiguent-ils ?

– Non.

Se penchant vers moi, il ajoute :

– Dans notre métier, la seule chose qui fatigue vraiment, c'est de trouver 40 personnes dans votre loge après votre sortie de scène.

En 1979, après un autre récital à Wilfrid-Pelletier, qu'il terminait cette fois avec la grande Sonate de Franck, je vais à l'arrière-scène pour savoir sur quel violon il avait joué. C'était le Guarnerius del Gesù de 1740 qui appartint à Eugène Ysaÿe. Il le tient dans ses mains, comme son bébé, et me le fait admirer.

Franck dédia sa Sonate à Ysaÿe, qui la créa sur cet instrument, en 1886. Près d'un siècle plus tard, Isaac Stern, nouveau propriétaire du violon, y jouait à son tour la Sonate de Franck.

Quel lien fascinant! On est au cœur de l'histoire. D'autres auraient fait état de la chose tout à l'heure à l'auditoire. Pour Isaac Stern, c'était là du quotidien. Comme le fait de disposer de 11 appareils de téléphone dans son appartement ou de posséder une demi-douzaine de violons du même pedigree.

Une question, en le quittant:

– Est-ce indiscret de demander combien vous avez payé l'instrument?

– Davantage! répond-il en riant.

– Non, mais sérieusement...

– Davantage!

Inconnus du grand public, deux aspects d'Isaac Stern étaient pourtant des secrets de Polichinelle dans le milieu musical. On le saluait bien bas comme le «parrain» du monde des violonistes et du monde musical en général. Son pouvoir était redoutable. Si Stern vous aimait, votre avenir était assuré. Sinon...

Par ailleurs, il était farouchement antigermanique. Il annula sa venue à l'OSM lorsqu'il apprit que le chef invité était Leopold Ludwig, jadis associé au parti nazi. Une autre fois, lors d'un week-end de l'orchestre à Carnegie, il refusa d'assister au concert du samedi soir, dont la violoniste «karajanesque» Anne-Sophie Mutter était la soliste, et ne se présenta qu'au concert du lendemain après-midi, où le soliste était le violoncelliste Yo-Yo Ma.

Natif de Russie, il portait un nom qui, en allemand, veut dire «étoile». Il me dit ignorer pourquoi, le rapprochement semble même le gêner, et je n'insiste pas.

Stern avait des idées bien personnelles sur divers sujets. Par exemple sur la sonorité des grands violons de collection. «Un violon tout seul ne sonne pas. C'est le violoniste qui lui donne sa couleur.» Et la fameuse – et «magique» – méthode Suzuki, basée sur le principe de l'imitation collective?

«Écoutez. J'ai déjà rencontré M. Suzuki au Japon. Un homme charmant et bien intentionné. À ce moment-là, il y avait au Japon 25 000 enfants qui avaient appris à jouer selon sa méthode et il y avait 10 orchestres rien qu'à Tokyo. J'ai demandé à M. Suzuki combien de ses élèves jouaient dans ces orchestres. Il m'a répondu: un...»

Dernière rencontre en 1995, le lundi 30 octobre: la Faculté de musique de McGill fait coïncider son 75e anniversaire avec celui de Stern en lui décernant un doctorat *honoris causa*.

C'est grand jour de référendum ce lundi-là au Québec, ce qui inspire au visiteur un autre trait de son humour bien particulier: «Oui, nous avons entendu parler de ça un tout petit peu... Des élections pour de nouveaux commissaires d'école, n'est-ce pas?»

RENATA
TEBALDI

(1922-2004)

Grande et très noble, une sorte de reine de l'opéra. La première visite ici de Renata Tebaldi remonte à 1957, le 3 juin : *La Traviata*, au Forum, avec le Met en tournée. Elle revint au Forum pour un concert avec orchestre le 23 février 1959, soit durant la même saison et au même endroit que sa « rivale » Callas, attirant 6 000 personnes (au lieu de 8 000 pour Callas).

La veille, au Plateau, elle répétait son programme avec Kurt Adler et l'OSM. Je la revois, son long manteau de vison sauvage sur les épaules, une jambe de côté ou une main sur la hanche, donnant les notes aiguës à une ou même deux octaves inférieures, pour ménager sa voix. Je n'ai pu l'interviewer cette fois-là : elle parlait à peine français ou anglais et la répétition avait pris tout son temps.

J'ai pu lui parler en 1965, lors d'une réception à l'Istituto italiano di Cultura, deux jours avant le concert avec orchestre qu'elle donnait le 26 mars à la Place des Arts. Très entourée, souriante, elle répond à deux questions en même temps, dans un anglais vite appris depuis sa dernière visite.

– Beaucoup d'artistes n'aiment pas être ainsi sollicités de toutes parts...

– Au contraire, je n'aime pas être seule. Après le spectacle, j'aime que les gens viennent dans les coulisses. L'autre soir à Washington, j'ai signé des autographes pendant une heure et demie.

– Vous enregistrez beaucoup. Bien des artistes disent ne pas aimer faire des disques et disent ne jamais les écouter.

– Pas moi. J'aime en faire et je les écoute. Le disque est très formateur.

– Vous ne chantez jamais en une autre langue que l'italien ?

– Je suis italienne, je suis une chanteuse italienne, j'ai été formée à l'école de chant italienne. Quand vous chantez dans une autre langue, la position de la voix est différente et cela affecte le timbre. En français, par exemple, cela produit quelque chose de nasal qui ne me convient pas.

C'était l'époque de la rivalité Callas-Tebaldi. Une journaliste prononce le nom de Callas. Tebaldi fait à peu près la même réponse que l'autre : les journaux ont grandement exagéré... Elle ajoute : « C'est une grande artiste, une grande chanteuse, pour laquelle j'ai de l'affection et de l'admiration. »

Des cinq passages ici de Tebaldi, le plus mémorable reste son *Otello* de 1966, avec Mario del Monaco et Tito Gobbi, au Festival Verdi où figurait aussi Renata Scotto.

J'ai réentendu Tebaldi à Ottawa en 1973. La voix était devenue méconnaissable, le fameux velours avait presque complètement disparu. Cheveux roux en ballon, comme une perruque, talons hauts, très hauts, elle et son petit pianiste se penchaient pour ramasser les fleurs qu'on lançait de partout. On aurait dit deux jardiniers.

PAUL
TORTELIER

(1914-1990)

Très grand et squelettique, avec sa tignasse blanche, Tortelier semblait tout droit sorti d'un conte de fées. Il fut non seulement parmi les premiers, sinon le premier, à jouer ici la terrifiante Sonate pour violoncelle seul de Kodály, mais il avait fait précéder son récital – c'était au début des années 50 – d'une spectaculaire démonstration sur la façon de préparer l'instrument, ou plutôt de le «désaccorder», pour obtenir les effets inhabituels souhaités par le compositeur.

Tortelier nous visita maintes fois. D'abord présenté par les Jeunesses Musicales, il revint parfois en récital conjoint avec sa femme, Maud Martin, violoncelliste elle aussi, ou encore son fils violoniste et sa fille pianiste.

À l'été 1970, j'avais eu avec lui un long entretien au Centre d'arts Orford, où son ami Gilles Lefebvre l'avait invité à enseigner. Nous étions au restaurant du lieu. À un moment donné, il s'arrêta net. «Peut-être votre journal pourrait-il me payer mon repas?» Interloqué, j'appelai le représentant du Centre, qui attendait la fin de l'interview, au fond de la salle, et l'affaire fut vite réglée.

La veille au soir, pendant son récital, Tortelier avait fait une longue pause entre deux mouvements. «Les tousseurs...», grommelait-il, invitant même les coupables à sortir. Son explication le lendemain: «Le bruit m'irrite, parce que j'ai un trop grand respect pour la musique. On ne peut produire de musique, on ne peut en écouter et on ne peut en jouir que dans le silence le plus absolu.»

À Orford, cet été-là, Tortelier donnait les cinq Sonates pour violoncelle de Beethoven avec le pianiste Karl Engel.

– Comment les évaluez-vous?

– Elles sont toutes d'égale valeur. Aucune n'est inférieure ou supérieure aux autres.

– Certains estiment qu'elles ne sont pas très bien écrites pour le violoncelle.

– C'est vrai. Ce n'est pas que ce soit mal écrit pour le violoncelle, mais ça ne s'occupe pas de faire briller l'instrument, comme les œuvres pour violon. Beethoven, comme Bach dans ses six Suites, a été inspiré par la gravité des sons. Nous montons presque aussi haut que le violon et nous descendons douze notes plus bas.

– L'interprétation «idéale»...

– Cela n'existe pas. Chacun apporte sa vérité. C'est l'ensemble de toutes les interprétations qui fait que la musique vit. Il se forme un centre, si vous voulez. Certains artistes paraissent loin du centre, mais qui peut dire que celui-ci ou celui-là joue dans le tempo juste, dans le style juste? Casals a eu la réponse: «Le style, c'est vous. Vous jouerez toujours tel que vous êtes. Soyez vous-même, trouvez-vous vous-même, et ce sera votre style.» Comme interprète, Casals peut se tromper, son Bach est un peu romantique, mais peu importe. Il est lui-même, il s'est trouvé, lui. C'est son style.

– La musique contemporaine...

– Dans la musique actuelle, il manque une joie, une lumière, une chaleur... Et ça ne chante pas. Pour moi, la musique, c'est ce qui chante non seulement pendant qu'on la joue mais après qu'on l'a entendue.

Nous parlons de mille choses et Tortelier s'émerveille de tout.

– Je suis dans une jeunesse bien plus grande qu'à 13 ans !

– On vient de rééditer votre *Don Quichotte* avec Kempe et Berlin.

– Oh ! que vous me faites plaisir ! Parce que c'est l'œuvre de ma vie, ce *Don Quichotte*. Je l'avais travaillé avec Strauss. C'est l'un de mes meilleurs disques, sinon le meilleur.

✳✳✳

Don Quixote (titre original allemand ; *Don Quichotte* en français) est un poème symphonique avec violoncelle solo de Richard Strauss. Tortelier l'enregistra deux fois avec le même chef, Rudolf Kempe, et successivement l'Orchestre Philharmonique de Berlin et l'Orchestre d'État de Dresde. Au moment de notre conversation, Tortelier n'avait enregistré l'œuvre qu'avec Berlin. La version avec Dresde suivit en 1973.

MICHEL
TREMBLAY

(NÉ EN 1942)

En 1968, un an avant le 20ᵉ anniversaire de fondation du Rideau Vert, c'était encore la polyvalence aux pages artistiques de *La Presse* et, parce que notre critique de théâtre était en vacances, on me charge d'aller interviewer les deux animatrices de la compagnie, Yvette Brind'Amour et Mercedes Palomino.

Dans une interview publiée le samedi 24 août, elles m'annoncent qu'elles marqueront les 20 ans de leur théâtre en ouvrant la saison le mercredi suivant (donc le 28 août 1968) avec une création d'un jeune auteur inconnu. Il s'appelle Michel Tremblay – oui, oui, Michel comme Michel et Tremblay comme Tremblay – et sa pièce s'intitule *Les Belles-Sœurs*.

La pièce connaît un tel succès que le Rideau Vert la reprend comme ouverture de la saison suivante, presque jour pour jour, le 20 août 1969. Une rencontre avec le jeune auteur s'impose. Or, notre critique de théâtre étant *encore* en vacances, me voilà de nouveau conscrit.

«J'peux pas croire que je vais avoir le *front page* de *La Presse*!» s'écrie Tremblay en m'ouvrant la porte de son modeste logis, rue Saint-André. Tremblay qui, déjà, n'avait pas froid aux yeux, commente ainsi la décision des deux «dames du Rideau Vert»: «Elles sont obligées de la redonner... mais elles n'aiment pas ça. Elles trouvent ça "bien vulgaire, vous savez...". Yvette Brind'Amour a déclaré elle-même dans votre journal qu'elle préférait Pirandello. On dit pas des affaires de même! Moi aussi, j'aime mieux Pirandello... En tout cas, je leur ai emmené 16 000 personnes la saison passée et je vais probablement leur en emmener 16 000 autres cette année. Pendant les dernières semaines, c'était pas les abonnés du Rideau Vert qu'on voyait : c'était des gens qui n'étaient jamais venus au théâtre. Mme Brind'Amour a dit que "la qualité du rire avait changé". Je trouve ça épouvantable de la part d'une directrice de théâtre de parler du public comme ça. On parle pas de la "qualité" d'un rire. C'est d'un snobisme effrayant ! »

Son avis sur la critique (dramatique, bien sûr) : « J'y apprends rien. Y en a un qui a dit que *Les Belles-Sœurs* était un chef-d'œuvre. On dit pas à un gars de 25 ans qu'il a écrit un chef-d'œuvre ! »

Quand je demande à Michel Tremblay ce qui l'intéresse en dehors de son travail, il répond : « J'adore la musique. J'aime beaucoup Ginette Reno. Mais j'aime surtout le classique. J'ai toujours aimé l'opéra et là, je commence à découvrir les symphonies : Mahler, Bruckner, Beethoven... »

L'interview a occupé une bonne partie de cette journée d'été : dans ma petite décapotable rouge, puis dans un ou deux restaurants, pour finir à mon appartement, Tremblay désirant voir ma discothèque. (Pendant ce temps, on tentait de voler ma voiture dans le garage au sous-sol !)

Plus tôt, Tremblay m'avait dit :

– Je déteste les interviews.

– Mais aujourd'hui, vous n'avez pas l'air de trop détester ça...

– Ben, ça a pas l'air d'une interview. On s'est promenés en machine, pis là, j'suis bien *effouerré*...

SARAH
VAUGHAN

(1924-1990)

Elles sont légion ces chanteuses noires aux bouches généreuses déversant un son d'une puissance et d'une volupté inouïes. J'ai trois préférences dans ce secteur : Della Reese et Dakota Staton, que je ne connais que par le disque, et, par-dessus tout, Sarah Vaughan, sans doute parce que je l'ai vue en spectacle et rencontrée au moins trois fois.

Entre ma première «expérience Sarah Vaughan», en 1955, à l'époque glorieuse du vieux Seville, situé près du Forum, et la dernière, au théâtre St-Denis, lors du Festival de jazz de 1983, il y eut celle, inoubliable, de l'Expo 67, à l'Expo-Théâtre de la Cité du Havre.

La chanteuse et son trio instrumental assuraient la première moitié du concert et Duke Ellington et son orchestre suivaient en seconde partie. Le concert était donné jusqu'à trois fois dans la même journée, mais Sarah et Ellington ne paraissaient jamais en scène ensemble. Du reste, la chanteuse ne s'était pas gênée pour déclarer, en pleine rencontre de presse : «Je ne suis pas une *fan* d'Ellington. Je n'aime que ses disques les plus anciens!»

Elle m'avait dit avoir reçu une formation classique et avait ajouté qu'avec une voix de «maintenant presque trois octaves», elle aurait même pu faire de l'opéra. «Aujourd'hui, c'est trop tard!» conclut-elle, ajoutant dans un éclat de rire que tout ce qu'elle savait dire en français, c'était l'inévitable «*Vou-lay vou...*» des touristes.

Elle dira encore qu'elle aime la solitude, travaille sa voix toute seule, n'écoute que du classique à la radio, déteste le bruit et les foules, fut entraînée l'autre soir dans une discothèque où elle n'est restée que quelques minutes et n'a aucune intention de visiter les pavillons de l'Expo!

Un soir, après son tour de chant à l'Expo-Théâtre, elle se retrouve toute seule à rentrer en ville, ses musiciens s'étant attardés sur les lieux. Je la ramène en taxi à son hôtel. Je prends place à côté du chauffeur et lui laisse toute la banquette arrière.

L'un de ses gros succès d'alors avait pour titre *A Lover's Concerto*. Il s'agissait d'une version jazzée d'un joli menuet tiré du *Petit Livre pour Anna Magdalena*, une collection de pièces pour clavecin de lui-même et d'autres musiciens que Bach avait réunies à l'intention de sa deuxième femme. Je me permets d'informer la chanteuse de ce détail et j'observe son étonnement. Elle ignorait tout de cette origine. Elle ignorait jusqu'au nom de Bach... et semblait s'en ficher royalement! «Je déteste cette chanson, tranche-t-elle. C'est ma compagnie de disques qui voulait que je l'enregistre. Maintenant, j'ai quitté cette maison et je suis libre... libre comme jamais! Toutes les maisons de disques sont pareilles: de la foutaise!»

SHIRLEY
VERRETT

(1931-2010)

La belle Afro-Américaine chanta pour nous deux fois le rôle-titre de Carmen : en octobre 1964, production de l'OSM, et en février-mars 1971, production de la Place des Arts. L'Opéra du Québec n'existait pas encore, non plus que l'Opéra de Montréal.

Shirley Verrett avait bien des idées sur le personnage le plus célèbre du répertoire lyrique. «Un rôle que toutes les sopranos, mezzos et contraltos rêvent de chanter», observe-t-elle. Elle m'en a entretenu pendant une heure. Résumons.

«Carmen est une femme de la terre, un être libre, qui n'aime pas être encagée, qui ne veut rien savoir de personne. Même quand elle sait qu'elle va mourir, elle cherche à s'en sortir. Je tire mon interprétation de la musique de Bizet, et ensuite je m'efforce d'y mettre un peu de Mérimée par la lecture du texte original. Mais j'aimerais un jour faire une Carmen complètement opposée à ma conception actuelle. J'y suis venue tard, à 31 ans, parce que j'hésitais. Je voyais trop de mauvaises interprètes, trop de mauvaises productions, et je me disais : Non, j'ai trop peur d'être aussi mauvaise!»

Née à La Nouvelle-Orléans dans une famille de lointaine souche française, elle a été mariée deux fois, ce qui explique qu'on l'appelle Shirley Verrett ou Shirley Verrett-Carter sur les disques. Je lui en mentionne même un – qu'elle n'a pas vu – où elle est devenue Shirley Carter. Sans parler des catégories vocales où on la place, la faisant tour à tour soprano, mezzo-soprano et contralto.

«Je peux, en effet, chanter dans tous ces registres, sans transposer. Certains rôles, bien sûr, pas tous! Alors, écrivez donc, tout simplement, "Shirley Verrett, chanteuse."»

Son dernier passage ici : un concert au Festival de Lanaudière, le 27 juillet 1989, à 58 ans, en fin de carrière et vocalement diminuée. Mais elle jouait encore les divas. Léo Roy, le pittoresque restaurateur de Joliette improvisé «chauffeur des artistes», m'avait raconté que Madame n'aimait pas sa voiture et avait exigé une limousine spéciale.

JON VICKERS

(1926-2015)

Le physique d'un pugiliste, le visage carré, la voix percutante et un peu nasillarde d'un commandant en chef, Jon Vickers restait toujours et partout le *Heldentenor,* le *ténor héroïque*, des grands opéras de Wagner.

Homme d'extrême droite, père de famille très religieux, férocement *contre* un tas de choses, Jon (né Jonathan) Vickers a gravi les échelons un à un, depuis le Woolworth de Winnipeg où il était simple assistant-gérant jusqu'au cénacle de Bayreuth qu'il envahit en 1958.

Vickers m'a accordé plusieurs interviews. Plutôt : il m'a donné plusieurs conférences ! Car Vickers avait des déclarations à faire et n'attendait pas les questions.

Dans un cas en particulier, c'est lui qui demanda à me voir, par l'entremise de son ami Pierre Béique, lequel organisa la rencontre chez lui, rue Drummond. Avec le *Tristan und Isolde* de 1975 (où Vickers chantait Tristan), l'Opéra du Québec, lancé en octobre 1971, annonçait qu'il baissait le rideau. Le théâtre lyrique allait renaître ici en 1980 avec l'Opéra de Montréal mais, en 1975, on était sûr que tout était fini. C'est dans ce contexte pessimiste que Vickers décida de se vider le cœur.

Pendant plus de deux heures, et tel un prédicateur, l'homme blessé et inquiet livra en faveur de la culture un témoignage que je traduisis le plus fidèlement possible, en écoutant et réécoutant le magnétophone. Car Vickers ne parlait pas français et ne faisait aucun effort en ce sens. Il commença ainsi son plaidoyer :

« Dans cette crise qui ébranle présentement l'Opéra du Québec, on objecte ici et là que l'opéra est réservé à une "élite", donc que le peuple en est exclus et que, par conséquent, les pouvoirs publics n'ont pas à le subventionner. Tout d'abord, je crois que, présentement, dans le monde entier, nous vivons une situation qui rend tout à fait naturel ce genre de propos. Partout, c'est le même sentiment d'envie malicieuse et de soif de détruire à l'endroit de quiconque – que ce soit une nation, une industrie ou un individu – réalise quelque chose. Si un individu (ou une nation, ou une industrie) réussit, c'est parce qu'il a du talent, qu'il travaille, qu'il a de la discipline, qu'il a un but et des standards.

« Maintenant, pour revenir à notre question : l'opéra est-il réservé à une élite ? Toute forme d'art a toujours été et sera toujours une chose que seule l'élite pourra comprendre et probablement apprécier. Mais il nous faut surveiller notre langage !

« Le mot "élite" a pris une signification sinistre. C'est sinistre, maintenant, d'appartenir à une élite. Vous devez appartenir au plus bas dénominateur commun ! On oublie que tout le monde peut appartenir à l'élite. L'élite, pour moi, ce peut être aussi bien le petit livreur de journaux qui épargne ses sous pour s'acheter un livre ou un billet de concert. L'élite, mais c'est tout le monde !

« On vous dit : "Serait-il possible d'emmener *Tristan und Isolde* à Saint-Joseph-de-Beauce ? Non ? Alors, s'il est impossible d'emmener cela auprès des masses, on n'en veut pas."

« Quand un individu comme moi-même, ou Birgit Nilsson, a pris en main sa propre vie et a discipliné son esprit, ses émotions, toute sa personne, à un point qu'il n'est à peu près plus possible d'avoir même une vie sociale, tout cela pour livrer sur cette scène, soir après soir, à 3 000 ou 4 000 personnes, des émotions d'une telle puissance que ces personnes, par-delà la rampe et l'orchestre, *vivent* avec vous ou avec le personnage que vous vous efforcez de représenter, dites-vous bien que ce n'est ni par un accident de la nature ni par quelque don que quelqu'un a déposé à vos pieds, mais parce que, qui que ce soit qui vous a gratifié de ce talent, vous en avez accepté la responsabilité, vous l'avez façonné, développé, perfectionné dans la mesure de vos aptitudes, puis rendu à votre donateur comme une offrande.

«Je ne considère pas le métier que je fais comme un plaisir mais comme une responsabilité : celle d'élever la vie humaine, d'élever la pensée humaine, d'amener les gens à voir la beauté, ou à se voir eux-mêmes, ou à voir la corruption, ou l'immoralité, à la voir et à l'évaluer. Croyez-moi : l'autre soir, quand je chantais Tristan, je n'avais pas de plaisir. Je travaillais. Je travaillais pour le plaisir de 3 000 personnes.

«Notre *Tristan* a fait salle comble aux cinq représentations : 18 000 personnes. Mais on continue de parler de "petite élite". Si ce n'est pas de l'ignorance, c'est quelque chose de plus sinistre, quelque chose sur quoi les politiciens capitalisent pour détruire ce qui est grand, ce qui est au-dessus d'eux, aux seules fins d'acheter du pouvoir, d'acheter des votes. Les politiciens gagnent l'affection de leur auditoire en le rendant envieux de cette élite, en faisant de l'envie une vertu. »

Vickers avait déjà affiché ses couleurs lors d'une conférence de presse précédant la première de *Tristan und Isolde,* en 1975. «C'est une œuvre malsaine (*"an evil work"*) pour laquelle j'éprouve de la haine (*"I have hatred for it"*). Ce n'est pas une très grande histoire d'amour. Et c'est une philosophie pour laquelle je n'ai aucune sympathie. Je n'ai pas de sympathie pour Tristan, j'en ai encore moins pour Isolde! Mais cela n'en reste pas moins une œuvre d'une incroyable beauté. Et j'insiste. Je veux être bien compris. Mon *opinion* sur l'œuvre et mon *interprétation* de l'œuvre sont deux choses différentes, mais pas nécessairement contradictoires. »

Ma dernière rencontre avec Vickers date de 2002, au Concours international de chant, où il siégeait au jury. Très brève, cette rencontre. Le très spécialisé *Opera Quarterly* avait publié l'année précédente une critique très détaillée de la biographie du chanteur que Jeannie Williams avait signée, presque contre sa volonté, sous le titre *A Hero's Life*. Non sans arrière-pensée, je lui ai apporté une photocopie de l'article du *Quarterly*. «Je n'ai pas lu cette critique. Je n'ai pas lu le livre non plus et je ne le lirai pas!»

Ce furent ses derniers mots.

GILLES
VIGNEAULT

(NÉ EN 1928)

Un nom, plus que tout autre, émerge de mes années de «poly-valence» journalistique, comme il émerge de l'univers déjà très vaste de la chanson québécoise. Ce nom, c'est, bien sûr, celui du «patriarche» Gilles Vigneault.

La voix? On n'en parle même pas. Lui-même n'a manifestement jamais cherché à la mettre en valeur. En revanche, ce qu'il exprime avec ce qui lui tient lieu de voix est beau, émouvant, unique, je dirais même noble, dans le contexte qui est le sien, et d'une sincérité, d'une grandeur et d'une originalité reconnues par tous, y compris par ceux qui n'ont aucune espèce d'attirance pour le genre «populaire».

Au début de 1968, Vigneault effectua avec son quatuor instrumental sa première grande tournée en Europe: 23 spectacles dans 15 villes, principalement en France. Il se rappelle: «Les deux autres fois avant, Bobino et l'Olympia, c'étaient des erreurs… des erreurs qui nous servent toujours, mais des erreurs quand même. Bobino: mauvaise organisation. L'Olympia: cadre politico-n'importe-quoi qui n'était pas en rapport avec seulement la chanson. Je pense qu'il est plus important d'être présenté en Europe à titre d'auteur-compositeur que comme *politicailleur* engagé – comme moi-même et non comme représentant d'une actualité sans cesse en mouvement mais qui ne l'est plus cinq minutes après.»

Sur cette lancée, Vigneault poursuit: «C'est pas des hymnes qu'on fait: c'est des chansons. Je ne juge pas de l'engagement des autres, mais je trouve, moi, que l'engagement, ça doit émaner naturellement de la chanson, un peu comme la brume sur l'eau le matin... Ça doit être à l'intérieur, l'engagement. »

Concernant les problèmes que, selon la rumeur, les textes de Vigneault et son accent causèrent aux auditoires français, l'intéressé a ceci à dire : « La seule chanson où on a eu un peu de difficulté à comprendre les mots, c'est *La Danse à Saint-Dilon*. Mais les gens ne comprennent pas ici non plus ! »

FRIEDELIND
WAGNER

(1918-1991)

Petite-fille de Richard Wagner et arrière-petite-fille de Franz Liszt, rien de moins, Friedelind Wagner vint à McGill en 1959 prononcer une conférence sur l'auteur de la *Tétralogie*. Je la rencontrai à cette occasion.

Nez prononcé, menton avancé : le profil, comme le ton affirmatif, évoque l'illustre aïeul. La blonde visiteuse habite New York et a pris la citoyenneté américaine, ayant fui l'Allemagne pour protester contre le régime d'Hitler et s'étant éloignée de la famille Wagner en raison des liens de celle-ci avec le nazisme. « Oui, nous l'avons bien connu à la maison… Mais ne me parlez pas de cela. À cause de lui, de très précieux manuscrits de mon grand-père ont disparu. »

Friedelind ne veut pas en dire davantage : elle est venue nous entretenir de Wagner. Elle a grandi dans la maison même de Wagner, la villa Wahnfried, à Bayreuth. « Mes deux frères et ma sœur, nous entendions parler de lui constamment, comme s'il avait été là », rappelle-t-elle.

Certaines idées que Friedelind Wagner exprima il y a plus de 50 ans ne correspondent plus à la réalité d'aujourd'hui. J'en reproduis quand même quelques-unes, à titre documentaire.

« Je ne regrette pas qu'on donne très peu de Wagner en Amérique. Au contraire, je m'en réjouis, car mieux vaut ne pas avoir de Wagner du tout que d'avoir du Wagner mal monté. Parce qu'en Amérique, au Met comme partout ailleurs, on ne travaille pas assez, on ne répète pas. La cause ? Les syndicats, qui entravent, par leurs conditions impossibles, toute activité artistique.

« De toute façon, l'Amérique n'aime pas beaucoup l'opéra. On y va pour faire une sortie mondaine. Les opéras qui attirent les foules sont les opéras italiens et ce sont les Italiens qui y vont, parce qu'ils comprennent ce qui est chanté. Ce qui démontre qu'on devrait toujours présenter les opéras dans la langue du pays. Parce que l'opéra est un drame : il faut comprendre ce qui se passe sur la scène. (Pause) Oui, même Wagner en français : je suis parfaitement d'accord. »

Et si l'équipe du Festival de Bayreuth allait porter Wagner un peu partout en Europe et en Amérique ? « Puisque mon grand-père a pris la peine de faire construire un théâtre qui répond à toutes les exigences de ses œuvres, pourquoi changerait-on de place ? »

VIRGINIA
ZEANI

(NÉE EN 1925)

Bien qu'elle ne chante plus depuis 1983, Virginia Zeani est toujours bien vivante et enseigne le chant dans l'Indiana. Et bien qu'elle soit roumaine, elle se spécialisa dans l'opéra italien et fut, avec Callas et Tebaldi, l'une des dernières authentiques représentantes de ce répertoire.

C'est à Montréal, en février 1965, qu'elle fit ses débuts en Amérique : dans *La Traviata*, avec Richard Verreau. Elle revint en octobre pour un autre Verdi, *Aida*, avec cette fois Jon Vickers. C'est l'année suivante seulement, le 12 novembre 1966, qu'elle débuta au Met, en reprenant le rôle-titre de *La Traviata*.

Je l'ai rencontrée à l'occasion de son *Aida,* donc à sa deuxième visite. J'ignorais alors qu'elle entrait en répétition une heure plus tard. «Ça ne m'ennuie pas de parler même avant une répétition parce que parler, c'est naturel. Quand on a de la voix, ça ne fait rien. Ce qui est mauvais, c'est de parler dehors quand il vente beaucoup. Tout à l'heure, lorsque nous ferons route ensemble vers la Place des Arts, ne vous fâchez pas si je ne parle pas beaucoup... »

Au contraire, Mme Zeani m'a parlé autant rue Sherbrooke que plus tôt dans le restaurant où nous avions pris un café ! Attrayante, dynamique et simple, la chanteuse parlait un français presque parfait, teinté d'un accent «musical» des plus agréables.

Nous avons causé de répertoire et même d'opéra contemporain. «J'aime les opéras modernes où il y a une mélodie à chanter. *Wozzeck* de Berg, franchement, je n'aime pas. Mais vous seriez surpris du nombre d'opéras modernes où il y a de belles mélodies. Il suffit de *sentir* cette musique. Parce qu'en somme, vous savez, toute musique est mélodieuse, si on la sent. »

J'ai retrouvé Virginia Zeani en avril 1968 : elle revenait cette fois pour incarner la Manon de Puccini. Une comparaison avec la Manon, plus connue, de Massenet ? « J'ai chanté la Manon de Massenet en français et en italien. La Manon de Massenet est un personnage frivole, une jeune fille de 15 ou 16 ans. Chez Puccini, Manon est une femme déjà passionnée, pleine de tempérament, tout à fait comme les personnages de Puccini. »

La chanteuse dit aimer également les deux Manon, mais on devine une préférence pour celle de Puccini, qui correspond à sa propre personnalité. Elle a d'ailleurs travaillé le rôle avec un collaborateur de Puccini qui lui a indiqué, dit-elle, les tempi exacts souhaités par le compositeur.

Je remarque que sa discographie n'est pas considérable. « Il y a trois ou quatre personnes qui font tous les opéras. Qu'ils puissent les faire ou non, ils les font ! Ce n'est pas pour faire des *maldisances* [sic], mais il y a, par exemple, Mme Moffo, qui chante très bien les petites choses, mais qui enregistre *Aida, Butterfly*, ça et ça... les dramatiques et les légers. Avec les micros, tout est possible, non ? Si Mme Zeani commence à faire des disques, elle doit faire des opéras et des opéras et perdre toutes les saisons d'été. L'argent que je gagne me suffit pour me procurer ce que je veux. Au lieu d'avoir dix brillants sur les doigts, j'en ai deux ou trois. Au lieu d'avoir vingt visons, j'en ai deux ou trois. Il y a des gens qui veulent tout avoir. Moi, pas. Dans la vie, il y a autre chose que la carrière. J'aime les gens, j'aime la vie et, grâce à cela, je pense que je serai toujours jeune. »

TABLE
DES MATIÈRES